AF596886

COURS DE GEOGRAPHIE ET D'HISTOIRE ANCIENNE ET MODERNE.

PREMIÈRE ÉTUDE DE LA GÉOGRAPHIE.

PREMIERE ÉTUDE
DE
LA GEOGRAPHIE.

NOTIONS PRÉLIMINAIRES.

Demande. QUE signifie le mot *Géographie ?*
Réponse. Il signifie *Description de la terre.*
D. Qu'entend-t-on par la terre ?
R. On entend le globe que nous habitons.
D. Pourquoi l'appelle-t-on globe ?
R. A cause de sa figure ronde.

Des divisions naturelles du globe.

D. Qu'entend-on par divisions naturelles du globe ?

R. On entend celles que la nature elle-même a établies, indépendamment de celles établies par les hommes. Ainsi c'est la nature qui a divisé le globe en terre et en eau, tandis que ce sont les hommes qui l'ont divisé en Empires, en Royaumes, en Provinces, etc.

D. Quelles sont les deux parties principales que l'on remarque sur le globe ?

R. C'est la partie solide, ou terre proprement dite, et la partie liquide, ou l'eau.

D. Qu'est-ce que la partie solide ?

R. C'est celle sur laquelle nous marchons, nous plantons, nous bâtissons, etc.

D. Qu'est-ce que la partie liquide ?

R. C'est celle sur laquelle nous ne pouvons aller qu'à l'aide de vaisseaux, de bateaux, etc.

Des divisions naturelles de la partie solide.

D. Que distingue-t-on de particulier à la surface de la partie solide ?

R. On distingue les continens, les presqu'îles ou péninsules, les isthmes, les promontoires, les montagnes et les plaines.

D. Qu'entend-on par continent ?

R. On entend une grande étendue de terre qu'on peut parcourir sans passer la mer. L'Europe, l'Asie et l'Afrique ne font qu'un continent ; l'Amérique en est un autre.

D. Qu'est-ce qu'une île ?

R. C'est une portion de terre environnée d'eau de tous côtés.

D. Citez et montrez une grande île.

R. L'île de Madagascar, près de l'Afrique.

D. Qu'est-ce qu'une presqu'île ou péninsule ?

R. C'est une portion de terre environnée d'eau, excepté d'un côté, par où elle tient au continent.

Citez et montrez une grande presqu'île.

R. L'Afrique : (*l'élève doit démontrer ici que l'Afrique est une presqu'île.*)

D. Qu'est-ce qu'un isthme ?

R. C'est une langue de terre resserrée entre deux mers, qui joint deux continens ensemble, ou une presqu'île au continent.

D. Citez et montrez deux isthmes fameux.

R. L'isthme de Suez, entre l'Afrique et l'Asie ;

l'isthme de Panama, entre l'Amérique septentrionale et l'Amérique méridionale.

D. Qu'est-ce qu'un promontoire?

R. C'est une portion de terre qui s'avance dans la mer. On l'appelle *cap* quand elle s'élève comme une montagne, et *pointe*, quand elle a peu d'élévation.

D. Qu'est-ce qu'une montagne?

R. C'est une éminence considérable de terre. Les petites éminences s'appellent *collines*; les éminences de sable ou les rochers qui se trouvent dans la mer, s'appellent *dunes;* les montagnes escarpées sur le rivage de la mer, s'appellent *falaises*.

D. Qu'est-ce qu'une plaine?

R. C'est une portion de terre plate et sans élévation. Si elle se trouve au bas d'une montagne, elle s'appelle *vallée*.

Des divisions naturelles de la partie liquide.

D. Quelles sont les différentes parties d'eau?

R. Ce sont les mers, les lacs, les fleuves et les rivières.

D. Qu'est-ce que la mer?

R. C'est le grand amas d'eau qui environne la terre.

D. Ne distingue-t-on pas plusieurs sortes de mers?

R. On distingue la mer qui entoure les deux grands continens, et à laquelle on donne le nom d'*Océan*, et les mers particulières qui entrent dans l'intérieur des terres.

D. Citez et montrez de grandes mers intérieures.

R. La Méditerranée, entre l'Europe et l'Afrique

la mer Baltique, au nord de l'Europe; la mer Noire, entre l'Europe et l'Asie; la mer Rouge, entre l'Afrique et l'Asie.

D. Qu'est-ce qu'un golfe?

R. C'est une avance considérable de mer dans les terres. Si cette avance est moins considérable, on l'appelle *baie;* moins grande encore, on l'appelle *anse;* moins grande que l'anse, c'est un *port.*

D. Citez et montrez de grands golfes.

R. Le golfe de Mexique, en Amérique; le golfe de Bothnie, dans la mer Baltique; le golfe de Guinée, sur les côtes occidentales d'Afrique; le golfe Persique, dans la mer des Indes.

D. Qu'est-ce qu'un détroit?

R. C'est un espace de mer resserré entre deux terres : on lui donne aussi le nom de *pas,* de *phare,* de *bosphore.*

D. Citez et montrez des détroits célèbres.

R. Le Pas de Calais, entre la France et l'Angleterre; le détroit de Gibraltar, entre l'Europe et l'Afrique; le détroit de Constantinople, entre la mer de Marmara et la mer Noire.

D. Qu'est-ce qu'un archipel?

R. C'est une portion de mer parsemée d'îles.

D. Citez et montrez des archipels.

R. L'archipel de la Grèce dans la Méditerranée; l'archipel du Nord, entre l'Amérique et l'Asie. Il y a beaucoup d'archipels dans la vaste mer entre l'Asie et l'Amérique.

D. Qu'est-ce qu'une rade?

R. C'est un endroit à peu de distance des côtes, où l'on peut mettre les vaisseaux en sûreté.

D. Qu'appelle-t-on bancs de sable, sèches ou hauts-fonds?

R. Ce sont des endroits de la mer où il y a peu d'eau.

D. Qu'est-ce qu'un lac?

C'est une grande étendue d'eau qui ne tarit jamais, et qui n'a aucune communication visible avec la mer.

D. Citez et montrez des lacs fameux.

R. La mer Caspienne, la mer d'Aral, en Asie, qui ne sont improprement appelées *mers* qu'à cause de leur grandeur, mais qui sont de véritables lacs.

D. Qu'est-ce qu'une rivière?

R. C'est une eau de source qui coule toujours, et qui se rend dans d'autres rivières, ou va directement jusqu'à la mer. Si la rivière est considérable, et qu'elle se jette dans la mer, on lui donne le nom de *fleuve;* quand les rivières sont fort petites, on les appelle *ruisseaux.*

D. Qu'est-ce que la source d'une rivière?

R. C'est l'endroit où elle commence.

D. Qu'est-ce que l'embouchure d'une rivière.

R. C'est l'endroit où elle se jette dans la mer.

D. Qu'entend-on par haut et bas d'une riviere?

R. Le haut est l'endroit le plus voisin de sa source, et le bas, l'endroit le plus voisin de son embouchure.

D. Comment distingue-t-on la gauche et la droite d'une rivière?

R. La droite d'une rivière est à la droite de celui qui la descend, c'est-à-dire, qui va vers son embouchure, et la gauche est à sa gauche.

Des moyens dont on se sert pour apprendre la Géographie.

D. De quoi se sert-on pour apprendre la géographie.

R. On se sert de globes faits en carton, ou de cartes, qui représentent les différentes parties de la surface de la terre.

D. Combien distingue-t-on de sortes de cartes ?

R. On distingue deux sortes de cartes, les cartes générales et les cartes particulières.

D. Quelles sont les cartes générales ?

R. Ce sont celles qui représentent la surface entière de la terre, comme les mappemondes, ou ses principales parties, comme les cartes d'Europe, d'Asie, d'Afrique et d'Amérique.

D. Quelles sont les cartes particulières?

R. Ce sont celles qui représentent un pays, un canton, etc.

D. Quelle est la carte la plus générale?

R. C'est la mappemonde, qui représente toute la terre en deux parties, qu'on appelle *hémisphères*.

D. Que veut dire le mot hémisphère ?

R. Il signifie moitié de globe.

D. Comment s'appelle chacun de ces deux hémisphères ?

R. L'un s'appelle *oriental*, parce qu'il est à l'orient de l'autre, et l'autre s'appelle *occidental*, parce qu'il est à l'occident du premier.

D. Comment distingue-t-on encore ces deux hémisphères ?

R. On les distingue, l'un en monde ancien, parce qu'il est le plus anciennement connu, et l'autre en nouveau monde, parce qu'il est nouvellement découvert.

Des points géographiques.

D. Qu'entendez-vous par les points géographiques?

R. Ce sont : 1°. les deux extrémités du globe, qu'on appelle, l'un, pôle Arctique, ou pôle du nord, et l'autre, pôle Antarctique, ou pôle du midi ; 2.° les quatre points cardinaux, savoir : le septentrion ou le nord, le midi ou le sud, l'orient ou l'est, l'occident ou l'ouest.

D. Y a-t-il d'autres points ?

R. Oui. Entre les quatre points cardinaux, il y en a quatre autres, savoir : le nord-est, entre le nord et l'est ; le nord-ouest, entre le nord et l'ouest ; le sud-est, entre le sud et l'est ; le sud-ouest, entre le sud et l'ouest.

D. Comment marque-t-on les quatre points cardinaux sur les cartes ?

R. Le nord est toujours en haut, le sud en bas, l'est est à la droite, l'ouest à la gauche de celui qui regarde la carte.

D. Comment reconnaît-t-on les quatre points cardinaux en pleine campagne ?

R. En se tournant vers un des points, on reconnaît aisément les trois autres. Si, par exemple, on se tourne vers le soleil levant ou l'est, on a l'ouest derrière soi, le nord à sa gauche, le sud à sa droite. Le contraire arrive si l'on se tourne vers le soleil couchant ou l'ouest. Cette manière de reconnaître les points cardinaux, s'appelle *s'orienter*.

D. Comment peut-on s'orienter quand on ne voit ni le soleil ni les étoiles, et qu'on ne connaît pas un des points du lieu où l'on est ?

R: Par le moyen de la boussole, dont l'aiguille aimantée a la propriété de se diriger vers le nord.

Des cercles qu'on remarque sur les globes et sur les cartes géographiques.

D. A quoi servent tous ces cercles ?

R. On les a imaginés pour partager la terre en différentes régions, et déterminer l'étendue et la situation de chaque pays.

Des grands Cercles.

D. Quels sont les grands cercles?

R. Ce sont ceux qui partagent la terre en deux parties égales. On en distingue deux principaux, l'équateur et le méridien.

D. Qu'est-ce que l'équateur ?

R. C'est un cercle qu'on a supposé aller d'orient en occident, et partager la terre en deux parties égales, comme un cercle qui partagerait une pomme ou une orange par le milieu, et qui serait également éloigné des deux extrémités.

D. Comment appelle-t-on les deux extrémités de la terre?

R. Elles s'appellent pôles.

D. A quoi sert l'équateur sur les cartes géographiques?

R. A déterminer la distance où un pays se trouve de ce cercle, ce qui s'appelle déterminer la *latitude*.

D. Comment détermine-t-on cette latitude?

R. En tirant une ligne de l'équateur à l'un des pôles. Cette ligne se divise en quatre-vingt-dix parties égales, et chacune de ces parties s'appelle un degré de latitude. Or, comme il y a deux pôles, le pôle septentrional et le pôle méridional, quand on dit qu'un lieu est à vingt degrés de latitude septentrionale, cela veut dire qu'il est éloigné de l'équateur de vingt degrés vers le nord.

D. Qu'est-ce que le méridien?

R. C'est un grand cercle qui est censé tracé au-dessus de la terre, en allant d'un pôle à l'autre, et coupant l'équateur. Il divise la terre en deux parties égales, dont l'une (celle qui est à droite) est orientale, et l'autre (celle qui est à gauche) est occidentale.

D. Compte-t-on plusieurs méridiens ?

R. On peut en supposer autant qu'il y a de points différens sur la surface du globe, d'orient en occident ; mais, pour éviter la confusion, on ne les marque sur la mappemonde et sur les cartes générales, que de cinq en cinq, ou de dix en dix. Beaucoup de cartes marquent le premier méridien à l'île de Fer, une des Canaries, d'autres à Paris.

D. Quel est l'usage du méridien en géographie?

R. Il sert à déterminer la position orientale et occidentale d'un lieu par rapport à un autre lieu, ce qui s'appelle déterminer la *longitude*. Ainsi, quand on dit qu'un pays est au vingtième degré de longitude orientale, cela signifie qu'il est éloigné du premier méridien, qui passe à l'île de Fer, de vingt degrés vers l'orient. Si l'on compte du méridien passant à Paris, et qu'on dise qu'un pays est à dix degrés de longitude occidentale, cela signifie qu'il est éloigné de Paris de dix degrés vers l'occident.

D. Définissez d'une manière précise la latitude et la longitude.

R. La latitude est la distance où un pays se trouve de l'équateur. La longitude est la distance où un pays se trouve d'un méridien convenu.

D. Quelle est la mesure d'un degré ?

R. Un degré fait à peu près vingt-cinq lieues communes de France, tant ceux de latitude que ceux de longitude. Mais ces derniers vont en diminuant jusqu'aux pôles, où tous les méridiens se réunissent.

Latitudes et longitudes à chercher.

1. Le cap de Bonne - Espérance, au sud de l'Afrique. — 2. Cadix, au sud de l'Espagne. — 3. Buenos - Ayres, Amérique méridionale. — 4. Pékin, en Chine. — 5. Paris, en France. — 6. Alger, nord de l'Afrique. — 7. Lima, au Pérou, Amérique méridionale. — 8. Pondichéri, dans l'Inde, — 9. Bordeaux, sud-ouest de la France. — 10. Le Caire, en Egypte. — 11. Québec, au Canada, Amérique septentrionale. 12. Ispahan, dans la Perse, en Asie. — 13. Vienne, en Autriche, Allemagne. — 14. Mexico, au Mexique, Amérique septentrionale. — 15. Jérusalem, en Syrie, Asie. — 16. Tunis, nord de l'Afrique. — 17. Pétersbourg, en Russie. — 18. Terre de Feu, sud de l'Amérique. — 19. Nankin, en Chine, Asie. — 20. Embouchure du Sénégal, en Afrique. — 21. Copenhague, en Danemarck. — 22. Embouchure du fleuve Saint-Laurent, Amérique septentrionale. — 23. Ile de Sumatra, mer des Indes. — 24. Isthme de Suez, en Afrique. — 25. Rome, en Italie. — 26. Pointe de la Californie, Amérique septentrionale. — 27. Goa, dans la presqu'île occidentale de l'Inde. — 28. Bénin, en Guïnée, Afrique. — 29. Ile de Malte, méditerranée. — 30. Caïenne, Amérique méridionale. — 31. Niphon, la plus grande des îles du Japon. — 32. Alexandrie, en Egypte. — 33. Stockolm, en Suède. — 34. Ile Saint-Domingue, en Amérique. — 35. Hainan, île près de la Chine. — 36. Dungala, en Nubie, Afrique. — 37. Constantinople, sur la mer Noire. — 38. Pointe du Kamstchatka, nord-est de l'Asie. — 39. Embouchure du fleuve des Amazones, Amérique mé-

ridionale. — 4o. San-Salvador, au Congo, en Afrique.

Des petits Cercles.

D. Quels sont les autres cercles?

R. Il y en a encore quatre, que l'on appelle *petits*, parce qu'ils partagent la terre en parties inégales.

D. Quels sont ces cercles ?

R. Ce sont, 1°. le tropique du Cancer ; 2°. le tropique du Capricorne, qui est à la même distance de l'équateur, mais de l'autre côté, celui du sud.

D. A quelle distance de l'équateur est chaque tropique ?

R. A vingt-trois degrés et demi.

D. Quels sont les deux autres ?

R. Ce sont les deux cercles polaires, dont l'un, celui qui est au nord, s'appelle cercle polaire Arctique, et l'autre, celui qui est au sud, s'appelle cercle polaire antarctique.

D. A quelle distance des pôles sont les cercles polaires ?

R. A vingt-trois degrés et demi.

D. A quoi servent ces cercles sur les cartes géographiques ?

R. A marquer les différentes températures des espaces compris entr'eux.

D. Comment appelle-t-on ces espaces ?

R. On les appelle zônes, c'est-à-dire ceintures.

D. Combien y a-t-il de zônes ?

R. Cinq : la zône torride ou brûlée, ainsi nommée parce que la chaleur y est excessive et brûlante ; les deux zônes tempérées, où la chaleur et le froid sont modérés ; et les deux zônes glaciales, où l'on ne trouve que des glaces et des froids excessifs.

D. Où est située la zône torride ?

R. Entre les deux tropiques, sous l'équateur. Elle comprend quarante-sept degrés.

D. Où sont situées les deux zônes tempérées?

R. La zône tempérée septentrionale, entre le tropique du Cancer et le cercle polaire Arctique ; et la zône tempérée méridionale, entre le tropique du Capricorne et le cercle polaire Antarctique. Elles comprennent chacune quarante-trois degrés.

D. Où sont situées les deux zônes glaciales ?

R. Depuis chaque cercle polaire jusqu'au pôle correspondant.

Des Divisions du Globe établies par les hommes.

D. Quelles sont les divisions que les hommes ont faites des deux hémisphères ?

R. Ils les ont divisés en quatre parties ; puis ils ont subdivisé chacune de ces parties en différens états.

D. Quelles sont les quatre parties du monde?

R. Ce sont l'Europe, l'Asie, l'Afrique et l'Amérique. Il y a encore les *Terres Australes*, que plusieurs géographes ont proposé de désigner comme cinquième partie du globe, sous le nom d'*Océanique*, en y comprenant les îles nombreuses dont est parsemé le vaste océan qui est entre l'Asie et l'Amérique.

Chap. I. — *De l'Europe.*

D. Qu'est-ce que l'Europe ?

R. C'est la plus petite, mais la plus peuplée des quatre parties du monde, en raison de son étendue.

D. Quelle est la position de l'Europe sur le globe ?

R. Elle a pour limites, au nord, la mer Glaciale ; au sud, la Méditerranée, qui la sépare de l'Afrique ; à l'est, l'Asie, dont elle est séparée, du nord au sud, par les monts Ourals ou Poyas, par le Don, la mer de Zabache, la mer Noire, le détroit de Constantinople, la mer de Marmara, le détroit des Dardanelles, et l'Archipel ; à l'ouest, par l'Océan atlantique.

D. A quelle latitude se trouve-t-elle ?

R. Entre le trente cinquième et le soixante-douzième degré de latitude septentrionale.

D. Quelle est sa longitude ?

R. En la prenant depuis la côte occidentale de l'Islande, et en comptant du méridien de Paris, on reconnaît qu'elle est comprise entre le vingt huitième degré de longitude occidentale et le cinquante-sixième de longitude orientale.

D. Quelles sont les principales parties de l'Europe ?

R. Ce sont, au nord, les îles Britanniques, les états du Danemarck, ceux de la Suède, et la Russie ; au milieu, la France, les Pays Bas, la Suisse, l'Allemagne, composée de plusieurs états, la Bohême, la Hongrie, la Pologne et la Prusse ; au midi, le Portugal, l'Espagne, l'Italie, comprenant plusieurs états, l'Illyrie, les Iles Ioniennes, et la Turquie d'Europe.

I. *Des Iles Britanniques.*

D. Qu'entendez-vous par Iles Britanniques ?

R. Les trois royaumes d'Angleterre, d'Ecosse et d'Irlande, et quelques autres îles environnantes, qui sont réunies sous la domination du roi d'Angleterre ?

D. Quelle est la position de l'Angleterre ?

R. Elle est bornée, au nord, par l'Ecosse, avec laquelle elle forme une île, et des trois autres côtés, par la mer.

Nota. L'élève doit s'exercer à déterminer la latitude et la longitude de chaque pays, comme nous venons de le faire pour l'Europe.

D. Comment l'Angleterre est-elle divisée ?

R. En Angleterre propre, et en principauté de Galles. Ces deux pays forment ensemble cinquante-deux shires ou comtés.

D. Quelles sont les îles dépendantes de l'Angleterre ?

R. Ce sont celles de Man et d'Anglesey, dans le canal Saint-George ; les Sorlingues, au sud-ouest ; l'île de Wight, au sud ; les îles de Jersey et de Grenesey, près des côtes de la Normandie.

D. Quelle est la position de l'Ecosse ?

R. Elle est bornée, au sud, par l'Angleterre, et des trois autres côtés, par la mer.

D. Comment l'Ecosse est-elle divisée ?

R. En trente-trois comtés. La rivière de Thay la partage naturellement en deux parties, l'une septentrionale, et l'autre méridionale.

D. Quelles sont les îles de l'Ecosse ?

R. Ce sont, au nord, les Orcades et les îles Schetland ; à l'occident, les Westernes, ou îles de l'Ouest, les Hébrides, au nombre d'environ trois cents.

D. Quelle est la position de l'Irlande ?

R. C'est une île située à l'ouest de l'Angleterre et de l'Ecosse.

D. Comment l'Irlande est-elle divisée ?

R. En quatre provinces, suivant les quatre points cardinaux, savoir, la province du Nord ou l'Ultonie ; celle de l'Est ou la Lagénie ; celle du midi ou la Momonie ; celle du Couchant ou la Connacie. Ces quatre provinces forment trente-deux comtés.

Nota. Le roi d'Angleterre est de plus roi du Hanovre en Allemagne, et les Anglais ont de grandes possessions en Asie, en Afrique et en Amérique.

II. *Des Etats du Danemarck.*

D. Qu'entendez-vous par états du Danemarck ?

R. J'entends les différens pays qui sont sous la domination danoise, savoir le Danemarck et l'Islande. La Norwége en faisait partie : elle a été récemment réunie à la Suède.

D. Quelle est la position du Danemarck ?

R. Il est borné, au sud, par l'Allemagne ; à l'ouest et au nord, par l'Océan ; à l'est, par la mer Baltique.

D. Comment divise-t-on le Danemarck ?

R. En terre ferme et en îles. La terre ferme est une presqu'île que l'on nomme Jutland, et qui se sous-divise en deux parties, le Nord-Jutland et le Sud-Jutland, ou duché de Sleswig. Les îles sont en grand nombre. Les deux principales sont l'île de Fionie, et celle de Séland, dans laquelle est située la capitale, Copenhague.

D. Quelles sont les autres îles ?

R. Ce sont Langeland, au sud-est de Fionie ; Laland, au sud de Séland ; Falster, à l'est de Laland ; Moon, au nord-est ; Bornholm, très à l'est, dans la mer Baltique, et autres petites îles.

D. Quelle est la position de l'Islande ?

R. C'est une île située, en partie, sous le cercle polaire arctique et sous le méridien de l'île de Fer. Elle fut découverte dans le onzième siècle, par des armateurs Norwégiens.

Nota. Entre l'Ecosse et l'Islande sont les îles Feroé, au nombre de vingt-quatre : sept sont désertes, et dix-sept habitées. Elles dépendent du Danemarck, qui possède encore le Holstein et d'autres territoires en Allemagne, la Laponie danoise, des colonies dans le Groenland, vers le pole arctique, et dans les trois autres parties du monde.

III. *Des États Suédois.*

D. En quoi consistent ces états ?

D. Dans les deux royaumes de Suède et de Norwége.

1°. *De la Suède.*

Quelle est la position de la Suède ?

R. Elle est bornée au nord, par la Laponie danoise ; au sud, par la mer Baltique ; à l'est, par la même mer et la Russie ; à l'ouest, par la Norwége, le Catégat (Trou du Chat, partie de mer qui précède le détroit du Sund), et par le détroit du Sund.

D. Quelles sont les principales parties de la Suède ?

R. Ce sont, 1°. la Suède proprement dite, vers le centre : 2°. la Gothie ou Gothland, au sud, laquelle est bornée au nord, par la Suède, et des trois autres côtés par la mer ; 3°. le Nordland, comprenant la Bothnie occidentale, au nord de la Suède ; 4°. la Laponie, dont nous allons parler. Chacune de ces parties est subdivisée en provinces.

D. Quelle est la position de la Laponie ?

R. C'est le pays le plus reculé au nord de l'Europe ; il est situé dans la zône froide : aussi est-il peu habité, et presque stérile. Il est borné par la mer Glaciale, la mer Blanche, la mer du Nord. On distingue la Laponie danoise, la Laponie suédoise, et la Laponie russe.

D. Quelles sont les îles de la Suède ?

R. Ce sont, Rugen près des côtes d'Allemagne ; plus au nord, Oeland, Gothland, etc.

2.° *De la Norwége.*

D. Quelle est la position de la Norwége?

R. Ce pays, extrêmement froid, sablonneux et stérile, est borné, au nord, par la mer Glaciale ; au sud, par le Catégat, qui le sépare du Danemarck ; à l'est, par la Suède, dont il est séparé par la chaîne des Dophrines ; à l'ouest, par la mer du Nord.

D. Comment la Norwége est-elle divisée ?

R. En trois gouvernemens généraux, ceux de Drontheim, au nord, vers le 63.e degré de latitude ; de Berghen, vers le 60.e ; d'Agerrhus, au sud, où est la capitale Christiania. Il y en a un quatrième, mais qui est resté au Danemarck, celui de Wardus, ou la Laponie danoise.

D. Quelles sont les îles de la Norwége ?

R. Ce sont les îles de Maggéroé, près du cap Nord ; l'île Louffouren, près de laquelle est le gouffre de Maëlstrom, et autres îles le long des côtes.

IV. *De la Russie d'Europe.*

D. Quelle est la position de la Russie d'Europe ?

R. Elle est bornée, au nord, par la mer Glaciale ; au sud, par la Turquie d'Europe et la Mer Noire ; à l'est par la Russie d'Asie ; à l'ouest, par les états Autrichiens, la Pologne, la Prusse, la mer Baltique et la Suède.

D. Comment la Russie est-elle divisée ?

R. Ce vaste empire est divisé en plus de cinquante gouvernemens, compris ceux d'Asie. Nous nous contenterons d'indiquer ici les grandes divisions de la Russie d'Europe en provinces.

1.° Le Spitzberg, au nord de la Norwége, pays glacial, inhabité, où les Russes ont un établissement pour la pêche de la baleine ;

2.° La Laponie russe, bornée par la mer Blanche ;

3.° La Finlande, à l'est de la mer Baltique, comprenant la Bothnie occidentale, et dont la majeure partie dépendait de la Suède avant 1809 ;

4.° L'Ingrie, près du golfe de Finlande, où est Pétersbourg ;

5.° Au sud-ouest, l'Estonie, la Livonie, la Courlande, la Samogitie ;

6.° Au sud-est, la Lithuanie, la Polésie, la Volhinie, le Palatinat de Russie, la Podolie, provinces qui ayant fait partie de la Pologne, s'appellent *Russie polonaise*, ou *rouge*, ou *noire*.

7.° A l'est de la Courlande, la province de Smolensko, dite aussi *Russie blanche*.

8.° Au sud, la province de Kiow, dite aussi *Ukraine*, ou *petite Russie*, pays des Cosaques en partie.

9.° Au nord-est et au centre, les provinces d'Archangel, près de la mer Blanche, de Moscou, de Nizni-Novogorod, de Rézan.

10.° La Tauride, partie de la Tartarie indépendante : le nord-ouest est désigné sous les noms de *nouvelle Russie*, *nouvelle Servie*, *Jedzan*; au sud-est, la presqu'île de Crimée, prise aux Turcs en 1784. Les Russes ont depuis encore conquis la Bessarabie, la Moldavie et la Valaquie, provinces turques, nord-ouest de la mer Noire, et ont prespue tout rendu.

V. *De la France.*

D. Quelles sont les limites de la France ?

Elles ont beaucoup varié depuis 1789. D'après les traités de 1814 et 1815, elles sont à peu près telles qu'elles existaient au premier janvier 1792. La France est en conséquence bornée au nord, par la Manche, le royaume des Pays-Bas et l'Allemagne ; au sud, par l'Espagne et la Méditerranée ; à l'est, par l'Allemagne, la Suisse, la Savoie, l'Italie et la Méditerranée ; à l'ouest, par l'Océan atlantique.

D. Quelles sont les provinces de la France?

R. Il y en a huit au Nord, douze au centre, et douze au Midi.

D. Quelles sont les provinces du Nord?

R. Ce sont la Flandre, l'Artois, la Picardie, la Normandie, l'Ile de France, la Champagne, la Lorraine, l'Alsace.

D. Quelles sont les provinces du centre?

R. La Bretagne, le Maine et le Perche,

l'Anjou, la Touraine, l'Orléanais, le Berry, le Nivernais, la Bourgogne, la Franche-Comté, le Poitou, la Marche, le Bourbonnais.

D. Quelles sont les provinces du sud?

R. L'Aunis, la Saintonge et l'Angoumois, le Limosin, l'Auvergne, le Lyonnais, le Dauphiné, la Guienne et la Gascogne, le Béarn et la Basse-Navarre, le comté de Foix, le Roussillon, le Languedoc, la Provence.

Il y a de plus le Comtat vénaissain, qui avait été cédé aux Papes, mais qui a été définitivement réuni à la France, dont il fait partie sous le nom de département de Vaucluse; et l'île de Corse, qui a long-temps appartenu aux Génois, sans qu'ils pussent réduire les habitans, et qu'ils ont cédée à la France. Elle fait un département.

D. Comment la France est-elle divisée pour l'administration.

R. En départemens, qui en général, tirent leurs noms, soit des principales rivières qui les arrosent, soit des montagnes qui existent dans quelques-uns.

D. Quels sont les départemens formés des provinces du nord?

R. Ce sont les suivans:

Départemens.	*Chefs-lieux*	*Provinces.*
1 Nord.	Lille.	Flandre.
2 Pas-de-Calais.	Arras.	Artois.
3 Somme.	Amiens.	Picardie.
4 Seine-inféri..	Rouen.	Normandie.
5 Calvados.	Caen.	*idem.*
6 Manche.	Saint-Lô	*idem.*
7 Orne.	Alençon.	*idem.*
8 Eure.	Evreux.	*idem.*

	Départemens.	*Chefs-lieux.*	*provinces.*
9	Oise.	Beauvais.	Ile de France.
10	Seine et Oise.	Versailles.	*idem.*
11	Seine.	Paris.	*idem.*
12	Aisne.	Laon.	*idem.*
13	Seine et Mar.	Melun.	*idem.*
14	Ardennes.	Mézières.	Champagne.
15	Marne.	Châl.-sur M.	*idem.*
16	Aube.	Troyes.	*idem.*
17	Haute-Marne	Chaumont	*idem.*
18	Meuse.	Bar-sur-Ornain.	Lorraine.
19	Moselle.	Metz.	*idem.*
20	Meurthe.	Nancy.	*idem.*
21	Vosges.	Epinal.	*idem.*
22	Bas Rhin.	Strasbourg.	Alsace.
23	Haut-Rhin.	Colmar.	*idem.*

D. Nommez les départemens formés des provinces du centre.

R. Ce sont les suivans:

	Départemens.	*Chefs-lieux.*	*Provinces.*
1	Ile et Vilaine.	Rennes.	Bretagne.
2	Côtes du Nord.	Saint-Brieux.	*idem.*
3	Finistère.	Quimper.	*idem.*
4	Morbihan,	Vannes.	*idem.*
5	Loire-inféri.	Nantes.	*idem.*
6	Mayenne.	Laval.	Maine.
7	Sarthe.	Le Mans.	*idem.*
8	Maine et Loire.	Angers.	Anjou.
9	Indre et Loire.	Tours.	Touraine.
10	Eure-et Loir.	Chartres.	Orléanais.

Départemens.	Chefs-lieux.	Provinces.
11 Loiret.	Orléans.	*idem.*
12 Loir et Cher.	Blois.	*idem.*
13 Indre.	Châteauroux.	Berri.
14 Cher.	Bourges.	*idem.*
15 Nièvre.	Nevers.	Nivernais.
16 Yonne.	Auxerre.	Bourgogne.
17 Côte-d'Or.	Dijon.	*idem.*
18 Saône et Loi.	Mâcon.	*idem.*
19 Ain.	Bourg.	*idem.*
20 Haute Saône.	Vesoul.	Franche-Comt.
21 Doubs.	Besançon.	*idem.*
22 Jura.	Lons-le-Sauln.	*idem.*
23 Vendée.	Bourbon-Vend.	Poitou.
24 Deux-sèvres.	Niort.	*idem.*
25 Vienne (la).	Poitiers.	*idem.*
26 Allier.	Moulins.	Bourbonnais.

D. Quels sont les départemens formés des provinces du sud ?

R. Ce sont les suivans :

Départemens.	Chefs-lieux.	Provinces.
1 Charente-Inf.	la Rochelle.	Aunis.
2 Charente.	Angoulême.	Angoumois.
3 Corrèze.	Tulle.	Limosin.
4 Hte.-Vienne.	Limoges.	*idem.*
5 Creuze.	Guéret.	Marche.
6 Puy-de-Dôme.	Clermont.	Auvergne.
7 Cantal.	Aurillac.	*idem.*
8 Loire.	Mont-Brison.	Lyonnais.
9 Rhône.	Lyon	*idem.*
10 Isère.	Grenoble.	Dauphiné.
11 Drôme.	Valence.	*idem.*
12 Hautes-Alpes.	Gap.	*idem.*

Départemens.	Chefs-lieux.	Provinces.
13 Gironde.	Bordeaux.	Guyenne.
14 Dordogne.	Périgueux.	*idem.*
15 Lot et Garon.	Agen.	*idem.*
16 Lot.	Cahors.	*idem.*
17 Aveyron.	Rhodez.	*idem.*
18 Landes.	Mont-de-Marsan.	*idem.*
19 Gers.	Auch.	*idem.*
20 Htes -Pyrénées.	Tarbes.	*idem.*
21 Bas.-Pyrénées.	Pau.	Béarn.
22 Tarn et Garo.	Montauban.	Languedoc.
23 Haute-Loire.	le Puy.	*idem.*
24 Lozère.	Mende.	*idem.*
25 Ardèche.	Privas.	*idem.*
26 Gard.	Nîmes.	*idem.*
27 Hérault.	Montpellier.	*idem.*
28 Aude.	Carcassonne.	*idem.*
29 Tarn.	Alby.	*idem.*
30 Haute-Garon.	Toulouse.	*idem.*
31 Arriège.	Foix.	Comté de Foix.
32 Pyrén. Orient.	Perpignan.	Roussillon.
33 Bas. Alpes.	Digne.	Provence.
34 Bouc.-du-Rhô.	Marseille.	*idem.*
35 Var.	Draguignan.	*idem.*
36 Vaucluse.	Avignon.	Comtat.
37 Corse.	Ajaccio.	Corse.

(*Voyez*, pour plus de détails, notre *Géographie de France.*)

VI. *Royaume des Pays-Bas.*

D. De quels pays se compose ce nouveau royaume ?

R. 1°. De la Hollande, au nord, qui a long-temps formé une république sous le nom de *Provinces-Unies* ; 2°. de prov. situées entre la Hollande et la France, connues sous le nom de *Pays Bas* et de *Belgique*.

D. Quelle est la position du royaume entier ?

R. Il est borné au nord et à l'ouest par la mer : à l'est, par l'Allemagne ; au sud, par la France.

D. Comment se divise la Hollande ?

R. En sept provinces, qui sont : au nord, la Frise, la prov. de Groningue, Overissel ; à l'ouest et au sud, la Hollande propre, la prov. d'Utrecht, la Zélande et la Gueldre septentrionale.

D. Quelles sont les îles de la Hollande ?

R. Les différens bras de mer, les embouchures divisées de plusieurs grands fleuves, les canaux, ont beaucoup multiplié les îles dans ce pays. Les principales sont au nord, Ameland, Schelling, Texel, Wiéringen ; au sud-ouest, Schouwen, nord-Béveland, sud-Béveland, Walcheren, etc. Ces dernières forment la prov. de Zélande.

D. Quelles sont les parties de la Belgique ?

R. Ce sont, de l'ouest à l'est, le marquisat d'Anvers, la seigneurie de Malines, les comtés de Flandre, de Hainaut, de Brabant, de Namur, le pays de Liège, les duchés de Limbourg et de Luxembourg.

VII. *De la Suisse ou Helvétie.*

D. Quelle est la position de la Suisse ?

R. Elle est bornée, à l'est et au nord, par l'Allemagne ; à l'ouest, par la France ; au sud, par l'Italie.

D. En combien de parties divisait-on la Suisse ?

R. En treize cantons, qui se réunirent dans le quatorzième siècle, et secouèrent le joug de la Maison d'Autriche. Ils avaient des alliés et des sujets. Aujourd'hui le tout est organisé en cantons, ce qui en porte le nombre à vingt-deux.

D. Indiquez-les en allant du N. au S., et de l'O. à l'E.

R. Bâle, Soleure, Argovie, Schaffouse, Zurich, Turgovie, Saint-Gall, Appenzel, Neuchâtel, Vaud, Genève, Valais, Fribourg, Berne, Lucerne, Zug, Schwitz, Glaris, Underwald, Uri, Grisons, Tésin près de l'Italie.

VIII. *De l'Allemagne.*

D. Quelle est la position de l'Allemagne?

R. Elle est bornée, au nord, par la mer d'Allemagne, le Danemarck et la mer Baltique; au sud, par la Suisse et l'Italie; à l'est, par la Prusse, la Pologne et la Hongrie; à l'ouest, par le royaume des Pays-Bas et la France.

D. Comment l'Allemagne était-elle constituée et divisée?

R. C'était en quelque sorte une grande république fédérative, composée d'environ trois cents principautés, et dont l'Empereur était le chef. Elle était principalement divisée en cercles, ou espèces de grandes provinces. Il n'y a plus aujourd'hui d'empereur d'Allemagne; mais tous les princes et états de ce pays sont unis par une *confédération* dite *germanique*. Le nombre des petits états est considérablement diminué; mais il y en a encore beaucoup.

D. Faites connaître les cercles d'Allemagne.

R. Il y en a neuf: trois au nord, Westphalie, Basse Saxe, Haute Saxe; trois au centre: Bas-Rhin, Haut-Rhin, Franconie; trois au sud, Souabe, Bavière, Autriche.

D. Indiquez les principaux états enclavés dans chaque cercle.

R. 1°. Dans le cercle de Westphalie, le grand duché du Bas-Rhin, au roi de Prusse; le roy. de Hanovre, au roi d'Angleterre; le comté de Nassau, etc.

2°. Dans le cercle de Basse-Saxe, le Holstein, au roi de de Danemarck; les villes libres de Brême, Hambourg, Lubeck, etc.; les duchés de Meckelbourg, de Brunswick, etc.; le reste dépendant du grand duché du Bas-Rhin, et du roy. de Hanovre.

3°. Dans le cercle de Haute-Saxe, la Poméranie, le Brandebourg, le duché de Saxe, etc., au roi de Prusse; les principautés d'Anhalt, de Schwartzbourg, etc.; le roy. de Saxe, très restreint, S. du cercle.

4°. Dans le c. du Bas-Rhin, une grande partie dépendante du gr. duché du Bas-Rhin; le reste au roi de Bavière, au grand duc de Hesse-Darmstadt, etc.

5°. Dans le cercle du Haut-Rhin, les duchés de Waldeck, de Hesse, de Hesse-Darmstadt, de Fulde, etc.; la ville libre de Francfort-sur-le-Mein; quelques parties au roi de Bavière.

6°. Dans le c. de Franconie, le comté de Henneberg, au prince de Saxe-Meinungen; quelques parties au gr. duc de Bade et au roi de Wurtemberg.

7°. Dans le cercle de Souabe, la plus grande partie formant le roy. de Wurtemberg; le gr. duché de Bade, vers le Rhin; le pays d'Augsbourg et autres, au roi de Bavière.

8°. Dans le c. de Bavière, la totalité formant le royaume de ce nom.

9°. Dans le cercle d'Autriche, composé de

l'Autriche propre, de la Styrie, du Tyrol, de la Carinthie, de la Carniole et d'une partie de l'Istrie, la totalité formant l'*empire d'Autriche*, en y joignant la Bohême et la Hongrie, la Gallicie, démembrée de la Pologne mérid., l'Illyrie, côte orientale du golfe de Venise, et le royaume Lombard-Vénitien.

IX. *De la Bohême et de la Hongrie.*

D. De quels pays le royaume de Bohême est-il composé ?

R. 1° De la Bohême propre, entre la Saxe et l'Autriche ; 2°. de la Moravie, montagneuse et fertile, entre la Bohême et les monts Krapack ; 3°. de la Silésie autrichienne, N. de la Moravie.

D. De quels pays le roy. de Hongrie est-il composé ?

R. 1°. De la Hongrie propre, E. de l'Autriche, fertile, particulièrement en bon vin ; 2°. de la Transylvanie, E. de la Hongrie ; 3°. de l'Esclavonie, S. O.

X. *De la Pologne et de la Prusse.*

D. Qu'est-ce que la Pologne ?

R. C'est un royaume autrefois étendu, riche et florissant, aujourd'hui très restreint, et dépendant de l'empereur de Russie. Il est borné N. et O. par les états prussiens ; N. et E. par la Russie ; S. par la Gallicie. La Pologne est divisée en haute ou petite au sud, et en basse ou grande au nord.

D. Où la Prusse est-elle située ?

R. Elle est comme enclavée dans la Pologne, dont elle a été, jusqu'en 1713, un duché dépendant. Elle se divise en orientale et en occidentale. Le roi de Prusse a, comme nous l'avons vu, des possessions considérables en Allemagne, et particulièrement le Brandebourg, où il fait sa résidence.

XI. *Du Portugal et de l'Espagne.*

D. Quelle est la position du Portugal ?

R. Il est borné, au nord et à l'est, par l'Espagne ; au sud et à l'ouest, par l'océan.

D. Comment se divise le Portugal ?

R. En six provinces, deux au nord, prov. entre Minho et Douro, et Tra-los-Montes ; deux au centre, Beira et Estramadure ; deux au midi, Alentéjo et les Algarves.

Nota. Le Portugal a des établissemens en Asie, en Afrique et en Amérique.

D. Quelle est la position l'Espagne ?

R. Ce pays, appelé autrefois *Ibérie* et *Hespérie*, est séparé de la France par les Pyrénées, au nord-est ; il est borné, à l'est et au sud, par la Méditerranée ; à l'ouest, par le Portugal ; au nord-ouest, par l'Océan.

D. Comment l'Espagne est-elle divisée ?

R. En quatorze provinces, dont plusieurs portent encore le titre de royaumes, savoir : trois au nord, la Navarre, la Biscaye, les Asturies ; deux à l'ouest, la Galice et l'Estramadure d'Espagne ; trois au sud, l'Andalousie, le roy. de Grenade, celui de Murcie ; trois à l'est, le roy. de Valence, la Catalogne, l'Aragon ; trois au centre, le roy. de Léon, la Vieille-Castille, la Nouvelle-Castille.

D. Quelles sont les îles de l'Espagne ?

R. Ce sont dans la Méditerranée, Majorque, Minorque, Ivica, Formentera, etc.

Nota. L'Espagne a de grandes possessions en Asie, en Afrique et en Amérique.

XII. *De l'Italie.*

D. Quelle est la position de l'Italie?

R. C'est une presqu'île qui a la figure d'une botte, et qui est bornée, au nord, par la France, la Suisse et l'Allemagne; au sud, à l'est et à l'ouest, par la Méditerranée.

D. Quelles sont les états de l'Italie ?

R. Ce sont, au nord :

1°. Les *états Sardes*, composés de la Savoie, entre l'Italie et la France; du Piémont, S. E. de la Savoie, entre la Suisse et l'état de Gênes; du Mont-ferrat, E. du Piémont; quelques parties du Milanais, voisines du Mont-ferrat; du comté de Nice, sur la mer, E. de la Provence; de l'état de Gênes, sur le golfe de ce nom; de la Sardaigne.

2.° Le royaume *Lombard Vénitien*, à l'Empereur d'Autriche, formé de l'O. à l'E. du Milanais; du Mantouan; de l'état de Venise, qui comprend l'Istrie et quelques autres parties à l'E. du golfe.

2.° Sud du Milanais, les duchés de *Parme* et *de Plaisance ;* le duché de *Modène ;* ceux de *Massa*, de *Lucques.*

Au milieu :

1.° Le grand duché de *Toscane*, comprenant le Florentin, au nord; le Pisan, à l'ouest; le Siennois, S. O.; l'île d'Elbe, sur la côte.

2.° *L'état de l'Eglise*, entre la Toscane et le royaume de Naples, à l'ouest, et s'étendant au N. E. jusque et compris le Ferrarais.

3.° La petite République de *Saint-Marin*, entre Ravenne et Urbin, côte orientale.

Au midi, *le royaume de Naples*, ou *des deux Siciles*, comprenant toute la partie méridionale de l'Italie, la Sicile, les îles Lipari, N. de la Sicile. S. de la même, est l'île de *Malte* aux Anglais.

XIII. *De l'Illyrie, des îles Ioniennes, et de la Turquie d'Europe.*

D. Qu'est-ce que l'Illyrie, ou les provinces Illyriennes?

R. On a donné ce nom à sept provinces que la France avait conquises, savoir : trois dont nous avons parlé article *Autriche*, la Carinthie, la Carniole, et l'Istrie, tant Vénitienne qu'Autrichienne; et les quatre autres, S. de l'Istrie, le long du golfe, la Croatie Autrichienne; la Dalmatie, tant Vénitienne qu'Autrichienne, cette dernière appelée aussi *Morlaquie*; l'état de Raguse, qui a été une république, et Bouches du Cattaro; et les îles du golfe, situées le long de cette côte. Ces provinces sont aujourd'hui partie de l'Empire d'Autriche.

D. Qu'est-ce que les îles Ioniennes?

R. Ce sont sept îles situées à l'entrée du golfe de Venise, près de la côte Occidentale de la Grèce, et récemment constituées *États-unis des îles Ioniennes*, sous la protection des Anglais. Ces îles sont, du N. au S., Corfou, Paxos, Sainte-Maure, Céphalonie, Itaque, Zante, Cérigo.

D. Quelle est la position de la Turquie d'Europe?

R. Elle est bornée, N. par la Hongrie et la

Russie d'Europe ; S. par la Méditerannée, l'Archipel et la mer de Marmara ; E. par la mer Noire et la Russie ; O. par l'Illyrie et le golfe de Venise. On la divise en Turquie méridionale et en îles.

D. Quelles sont les provinces de la Turquie septentrionale ?

R. Ce sont, du N. au S., et de l'O à l'E., partie de la Croatie et de la Dalmatie, la Bosnie, la Servie, la Valachie, la Moldavie, la Bessarabie (ces trois dernières presque désertes, conquises par les Russes, et rendues, sauf la Bessarabie ; L'Autriche a une partie de la Moldavie, sous le nom de *Buch wine,* qu'elle a fait peupler en 1781), la Bulgarie, l'Albanie, la Macédoine, la Romanie.

D. Quelles sont les provinces de la Turquie méridionale ?

R. C'est proprement l'ancienne Grèce, savoir : l'Achaïe ou Livadie (Grèce propre), et la presqu'île de Morée (ancien Péloponèse).

D. Quelles sont les îles dépendantes de la Turquie d'Europe ?

R. Elles sont en très grand nombre : on en compte au moins 40. Elles forment ce qu'on appelle l'*Archipel de la Grèce.* Les principales sont Candie (l'ancienne Crète) ; du N. au S. Lemnos, Ténédos, Mételin, Lesbos, Scio, Négrepont, Andros, Samos, Salamine, dans le golfe de Corinthe, près d'Athènes ; Égine, Syros, Tine, Délos, Paros, Naxos, Patmos, Siphanto, Milo, Santorin, Stamphalie, Scarpanto.

XIV. *Des principales villes d'Europe, fleuves, montagnes, mers, îles, lacs, golfes, détroits, isthmes et caps.*

Nota. Ce paragraphe doit être étudié avec le plus grand soin. Après avoir reconnu les grandes masses, l'élève va les repasser en y cherchant les points les plus intéressans. Qu'il en détermine en même-temps les latitudes et les longitudes ; qu'il porte particulièrement son attention sur les capitales des états, qui sont en italique. Au reste, rien n'est difficile pour l'élève qui trace lui-même sur la carte tout ce qu'il doit montrer.

D. Indiquez les principales villes de l'Europe.

R. Isles Britanniques : *Londres*, capitale de l'Angleterre ; N. Yorck ; S. E. Cantorbéry, Douvres ; S. O. Plimouth. — *Edimbourg*, capitale de l'Ecosse ; N. Dornock ; S. O. Glascow. — *Dublin*, capitale de l'Irlande ; O. Galloway.

États Danois : *Copenhague*, capitale, dans l'île de Séland ; Odensée, capitale de l'île de Fionie ; Wiborg, capitale du nord-Jutland ; Sleswick, capitale du sud-Jutland ; Skalhot, capitale de l'Islande.

États Suédois : *Stockholm*, sur la Baltique, capitale ; N. Tornéa, capitale de la Bothnie occidentale ; S. O. Gothembourg, et S. E. Calmar, dans la Gothie. — *Christiania*, capitale de la Norwége ; N. O. Berghen ; N. E. Dronthem ; N. Wardhus.

Empire Russe : *Pétersbourg*, près du golfe de Finlande, capitale : S. O. Moscou, ancienne capitale ; N. sur la Mer Blanche, Archangel ; S. O. sur le golfe de Bothnie, Abo, capitale de la Finlande ; S. Wilna, capitale de l'Ukraine ; S. Cafa ou Théodosie, capitale de la Crimée ; N. O. près de la mer Noire, Odessa.

Royaume des Pays-Bas : *Amsterdam*, capitale de la Hollande ; S. Leyde, la Haye, Roterdam, Utrecht. — *Bruxelles*, capitale de la Belgique ; N. O. Anvers ; S. O. Maëstricht, Liége, Luxembourg.

France : *Paris*, capitale ; N. Lille ; S. E. Strasbourg ; S. O. Nantes ; Bordeaux, Bayonne ; S. E. Marseille, Toulon.

Suisse : *Bâle* ; E. Zurich ; S. O. Berne, Fribourg, Genève, etc. capitales des cantons dont elles portent le nom ; Sion, capitale du Valais.

Allemagne et pays adjacens. *Empire d'Autriche* : *Vienne* sur le Danube, capitale de l'Autriche ; S. O. Saltzbourg ; S. Brixen et Trente, dans le Tyrol ; E. Clagenfurt et Gurck dans la Carinthie ; N. E. Gratz et Cilley, dans la Styrie ; S. O. Laubach et Gorice, dans la Carniole. N. E. *Prague*, capitale de la Bohême ; O. Egra, S. E. Olmutz, capitale de la Moravie. S. E. *Bude*, sur le Danube, capitale de la Hongrie. N. E. sur le Danube, Presbourg ; E. Tokai ; S. Temeswar ; S. O. Péter-Waradin, sur le Danube ; N. O. Essek, sur la Drave, dans l'Esclavonie ; N. E. Hermanstadt, capitale de la Transylvanie. — *Monarchie Prussienne* : *Kœnisberg*, près de la mer Baltique, capitale de la Prusse ; S. O. Elbing, Dantzick, Mariembourg, Culm, Thorn, sur la Vistule ; Gnesne, dans le duché de Posen, partie de l'ancienne Pologne ; O. *Berlin*, capitale du Brandebourg ; S. E., Francfort-sur-l'Oder ; O. Magdebourg ; N. E. Stettin, capitale de la Poméranie ; S. E. sur l'Oder, Breslaw, capitale de la Silésie ; N. O. Wittemberg, sur l'Elbe, capitale du duché de Saxe ; dans le cercle de Westphalie, du N. au S., Osnabruck, Minden, Munster, Paderborn, Dusseldorp ; dans [illegible]al du Bas-Rhin, Cologne, Trèves, Coblentz, toutes villes principales du Grand-Duché du Bas-Rhin. — *Royaume de Hanovre : Hanovre*, capitale, dans le cercle de Basse-Saxe; S. Gœttingen; dans le cercle de Westphalie, N. O. Embden; S. O. Oldembourg. — *Grand-Duché de Hesse-Cassel*, S. E. *Cassel*, capitale. — N. E. *Brunswick*, capitale du Duché de ce nom. — Dans le Holstein, au Roi de Danemarck, N. Kiel, capitale. — *Royaume de Saxe*, S. E. *Dresde*, capitale sur l'Elbe. — *Royaume de Wurtemberg* : S. O. *Stutgard*; S. E. Ulm, sur le Danube. — *Grand-Duché de Bade*, près du Rhin : *Carlsruhe*, capitale; S. Bade, S. E. Constance. — *Royame de Bavière* : N. E. *Munich*, capitale; N. Ratisbonne, sur le Danube, Amberg; S. O. Ingolstadt, Neubourg, Donavert, Augsbourg. — *Royaume de Pologne* : capitale, *Varsovie*, sur la Vistule; S. O. sur la Vistule, Cracovie, ville libre, dans la partie de la Pologne qui est à l'Empereur d'Autriche, sous le nom de Royaume de Gallicie et de Lodomerie.

Portugal : *Lisbonne*, embouchure du Tage, capitale. Du N. au S. Bragance, Miranda, Porto, Coimbre, Evora, Sétuval, Faro, Lagos.

Espagne : *Madrid*, capitale; du N. au S. et de l'O. à l'E. la Corogne, Saint-Jacques de Compostelle, Oviédo, Santillane, Léon, Vittoria, Bilbao, Pampelune, Saragosse, sur l'Ebre; Roses, Gironc, Barcelone, Tarragone, Tortose, Salamanque, Ségovie, l'Escurial, Tolède, Aranjuez, Badajoz, Cordoue, Alicante, Murcie, Séville, Gibraltar, Malaga, Grenade, Carthagène, Palma, capitale de l'île Majorque; Citadella, capitale de l'île Minorque, Port-Mahon.

Italie. *États Sardes : Turin*, sur le Pô, capitale

du Piémont et de toute la monarchie ; Aoste, Verceil, Suse, Saluces ; Casal, capitale du Mont-Ferrat ; Chambéry, capitale de la Savoie ; S. Nice, capitale du comté de ce nom ; N. E. Gênes, capitale de l'état de Gênes ; Cagliari, capitale de la Sardaigne, Alghiéri, Oristagni. — *Royaume Lombard-Vénitien : Milan* et *Venise* ; S. de Milan, Pavie, E. Crémone ; Mantoue, capitale du duché de ce nom ; dans l'état de Venise, N. O. Bergame, S. E. Véronne, Padoue. — S. *Modène*, *Lucques*, capitales des duchés de ce nom. — *Grand-Duché de Toscane : Florence*, capitale ; N. O. Pise ; S. E. Sienne, Piombino ; Porto-Ferraïo, capitale de l'île d'Elbe. — N. E. *Saint-Marin*, capitale de la petite république de ce nom. — *État de l'Église : Rome*, sur le Tibre ; N. E. Ferrare, Bologne, Ravenne, Ancône, Lorette. — *Royaume de Naples* ou *des Deux Siciles : Naples*, capitale ; N. Gaëte, Capoue ; S. Salerne, Régio ; côte orientale, Manfrédonia, Trani, Bari, Brindisi, Otrante, Tarente, Crotone ; *Palerme*, capitale de la Sicile ; E. Messine ; S. Catane, Syracuse, Girgenti. *Ile de Malte : la Valète*, capitale.

Provinces Illyriennes : *Trieste*, capitale de l'Istrie ; S. sur la côte, Spalatro, Raguse.

Etats-Unis des Iles Ioniennes : *Corfou*, capitale, île de ce nom.

Turquie d'Europe : *Constantinople*, capitale de l'Empire Turc ; N. E. Belgrade, Widdin, sur le Danube, dans la Servie ; O. Bosna-Séraïo, capitale de la Bosnie ; S. E. Sophie, capitale de la Bulgarie ; S. O. Scutari, capitale de l'Albanie ; S. E. Saloniki, Philippi, dans la Macédoine ; S. Yanina, Larisse, dans la Thessalie ; Sétines ou

Athènes, en Grèce ou Livadie; Patras, Corinthe, Misitra, autrefois Lacédémone, Napoli-di-Malvasia, dans la Morée. Dans les îles, capitales presque toutes du même nom.

D. Quels sont les principaux fleuves d'Europe ?

R. Ce sont, en Angleterre, la *Tamise*, qui passe à Londres, et se jette dans la mer d'Allemagne.

En Russie, le *Volga*, source dans la Russie d'Europe, embouchure en Asie dans la mer Caspienne, après avoir parcouru mille lieues; le *Don*, autrefois Tanaïs, embouch. dans la mer de Zabache, ou d'Azof, après un cours de trois cent trente lieues, le *Dnièper*, embouch. dans la Mer Noire, après un cours à-peu-près égal; le *Dniester*, source dans la Pologne russe, emb. dans la Mer Noire; la *Dwina*, emb. dans le golfe de Riga; une autre rivière du même nom, emb. dans la Mer blanche; la *Néva*, qui sort du lac Ladoga, passe à Péterbourg, embouch. dans le golfe de Finlande.

En France, le *Rhin*, source dans la Suisse, et emb. en partie dans le Zuiderzée; la *Loire*, qui parcourt une grande partie de la France, emb. dans l'Océan; le *Rhône*, source en Suisse, emb. dans le golfe de Lyon; l'*Escaut*, source en Picardie, et emb. en deux branches, dans la mer d'Allemagne; la *Meuse*, source sur les confins de la Champagne et de la Lorraine, emb. dans la mer d'Allemagne; la *Seine*, source en bourgogne, emb. dans la Manche, au Hâvre, la *Caronne*, appelée *Gironde*, lorsqu'elle s'est jointe à la *Dordogne*, emb. dans le golfe de Gascogne.

En Allemagne, le *Weser* et l'*Elbe*, emb. dans la mer d'Allemagne; l'*Oder* et la *Vistule*, emb.

dans la mer Baltique ; le *Danube*, emb. dans la mer Noire, après un cours de 450 lieues.

En Portugal, le *Tage*, le *Douro*, la *Guadiana*, qui a une cataracte de 50 pieds, tous trois, source en Espagne, emb. dans l'Océan.

En Espagne, l'*Ebre*, emb. dans la Méditerranée ; le *Guadalquivir*, emb. dans l'Océan, au-dessous de Séville ; le *Mançanarez*, qui passe à Madrid.

En Italie, le *Pô*, source dans les Alpes, emb. dans le golfe de Venise ; le *Tésin*, source dans les Alpes, se jette dans le Pò ; l'*Adige*, source dans les Alpes, passe à Vérone, et se jette dans le golfe de Venise ; l'*Adda*, entre dans le lac Côme, et se jette dans le Pò au-dessus de Crémone ; l'*Arno*, sort de l'Apennin, passe à Florence, emb. dans la Méditerranée ; le *Tibre*, sort de l'Apennin, passe à Rome, emb. dans la Méditerranée.

D. Quelles sont les plus hautes montagnes de l'Europe ?

R. Ce sont : les Pyrénées, entre la France et l'Espagne ; les Alpes, entre la France, l'Allemagne et l'Italie ; l'Apennin, qui traverse l'Italie du nord au sud ; les monts Krapack, entre la Pologne et la Hongrie ; les Dophrines, entre la Norwège et la Suède ; en Russie, les monts Poyas, qui séparent l'Europe de l'Asie.

Il y a de plus en Europe trois fameux volcans : le Mont Ethna en Sicile, qui brûle depuis un temps immémorial ; l'Hécla, en Islande, qui lance ses feux à travers les glaces et les neiges d'une terre gelée, et le Vésuve, dans le royaume de Naples, dont la première éruption, connue de mémoire d'homme, a eu lieu l'an 79 de J. C., et a enseveli des villes entières.

D. Quelles sont les mers de l'Europe ?

R. Ce sont : la mer Glaciale au nord ; la mer Blanche, au nord-est ; la mer Baltique, entre la Prusse, la Suède et la Russie ; la mer du Nord, ou d'Allemagne, entre la France, le Danemarck et l'Angleterre ; la Manche, entre la France et l'Angleterre ; l'océan Atlantique ou Occidental, entre l'Europe, l'Afrique et l'Amérique ; la Méditerranée, entre l'Europe et l'Afrique ; la mer de Marmara, entre la mer Noire et l'Archipel ; la mer Noire, entre la Turquie d'Europe, la Turquie d'asie et la Tartarie ; la mer d'Azof ou de Zabache, au nord de la mer Noire.

D. Quels sont les principaux golfes?

R. Ce sont ceux de Bothnie, de Dantzick, de Finlande et de Riga, formés par la mer Baltique ; de Zuiderzée, de Murray, par la mer du Nord ; de Biscaye, par l'Océan, entre la France et l'Espagne ; de Lyon, de Gênes, de Naples, de Salerne, de Tarente, de Venise, de Lépante, formés par la Méditerranée.

D. Quels sont les principaux détroits de l'Europe ?

R. Ce sont les détroits de Waigatz, au nord de la Russie ; le Sund, entre l'île de Séland et la Suède ; le grand Belt, entre l'île de Séland et celle de Fionie ; le petit Belt, entre l'île de Fionie et le Jutland ; le Pas-de-Calais, entre la France et l'Angleterre ; le détroit de Gibraltar, entre l'Espagne et l'Afrique ; le Phare de Messine, entre la Sicile et l'Italie ; le détroit de Négrepont, entre l'île de ce nom et la Grèce ; les Dardanelles, entre l'Asie et la presqu'île de Gallipoli ; le détroit de Constantinople, ou Bosphore de Thrace, entre la mer de Marmara et la mer Noire ; le détroit de Zabache ou de Cafa, entre la mer Noire et la mer d'Azof.

D. Quels sont les principaux lacs de l'Europe ?

R. Ce sont ceux de Ladoga et Onéga, en Russie ; Vener, en Suède ; Sperding, en Prusse ; Constance, au nord de la Suisse ; Genêve, au sud-ouest de la Suisse ; Zurich, en Suisse ; Come, Garda, Maggiore, dans le nord de l'Italie, et celui de Pérouze, autrefois Trasimène, dans l'état Romain.

D. Quelles sont les principales îles de l'Europe ?

R. Ce sont, dans l'océan Atlantique septentrional, les îles Britanniques, l'Islande ; dans la mer Baltique, Séland, Fionie, Gothland, Rugen ; dans la Méditerranée, Majorque, Minorque, Ivica, la Corse, la Sardaigne, la Sicile, Malte, Candie, autrefois la Crète ; les îles de l'Archipel, les îles Ioniennes, et autres précédemment détaillées.

D. Quelles sont les presqu'îles de l'Europe ?

R. Les principales sont la Suède avec la Norwège, le Jutland, la province de Bretagne en France, l'Espagne avec le Portugal, l'Italie, la Morée, la Crimée.

D. Quels sont les isthmes de l'Europe ?

R. Il y en a deux, celui de Corinthe, qui joint la presqu'île de Morée au continent de la Grèce, et l'isthme de Précop, qui joint la Crimée à la petite Tartarie.

D. Quels sont les principaux caps de l'Europe ?

R. Ce sont le cap Nord, au nord de la Laponie ; le Naze, au sud de la Norwège ; le cap Lézard, sur la Manche, sud-ouest de l'Angleterre ; le cap de la Hogue, en France, au nord du département de la Manche ; le cap Finistère, sur les côtes d'Espagne ; le cap saint-Vincent, sur les côtes du Portugal ; le cap Matapan, au sud de la Morée.

CHAPITRE II. *De l'Asie.*

Nota. Les trois autres parties du monde étant susceptibles de beaucoup moins de détails, nous indiquerons les villes principales en décrivant les contrées.

D. Qu'est-ce que l'Asie ?

R. Ce pays, très élevé, que l'on regarde comme le berceau du monde, est la plus grande des trois parties de notre continent ; mais il n'est pas peuplé à proportion de son étendue.

D. Quelle est la position de l'Asie ?

R. Elle est bornée, au nord, par la mer Glaciale ; à l'est, par l'Océan ; au sud, par la mer des Indes ; à l'ouest, par la Russie d'Europe, la mer d'Azof, la mer Noire, la mer de Marmara, l'isthme de Suez, qui la sépare de l'Afrique, et la mer Rouge.

D. A quelle latitude se trouve-t-elle ?

R. Entre le dixième degré de latitude méridionale et le soixante-seizième de lat. septent.

D. A quelle longitude est-elle située ?

R. Entre le vingt-troisième et le cent quatre-vingt-dixième de longitude orientale, en comptant du méridien de Paris.

D. Quelles sont les principales parties de l'Asie ?

R. Ce sont, 1°. la Tartarie, au nord et au centre ; 2°. la Turquie d'Asie, à l'ouest ; 3°. l'Arabie, au sud-ouest ; 4°. la Perse ; 5°. l'Inde, au sud ; 6°. la Chine, à l'est ; 7°. les Iles.

I. *La Tartarie.*

D. Qu'entendez-vous par la Tartarie?

R. J'entends cet immense pays qui portait autrefois le nom de *Scytie*, d'où sont sortis tant de peuples conquérans, et qui comprend toute l'Asie septentrionale et une partie de l'Asie du milieu.

D. Quelles sont les limites de la Tartarie ?

R. Cette vaste région s'étend, au nord, depuis les états des Turcs, la Perse, l'Indostan et la Chine, jusqu'à la mer Glaciale.

D. Comment divise-t-on la Tartarie?

R. En trois parties principales, dont les deux premières sont au midi, savoir : la Tartarie Chinoise, qui a des gouverneurs envoyés par l'Empereur de la Chine, ou des princes qui en dépendent; la Tartarie indépendante, qui est gouvernée par divers kans; la Tartarie russe, qui est aussi grande que les deux autres, et qui occupe tout le nord.

D. Comment se divise la Tartarie russe ?

R. En quatre grandes provinces, savoir : à l'ouest, Kasan, Orembourg et Astracan, villes de ce nom, et à l'est, la Sibérie, ou est Tobolsk, capitale. Cette dernière province est partagée en plusieurs gouvernemens. Sur les côtes de la Sibérie, est la nouvelle Zemble, qui en est séparée par le détroit de Waigatz.

D. Comment se divise la Tartarie indépendante ?

R. En cinq parties, deux à l'ouest, le Turkestan, le pays des Usbecks, où est Samarcand; trois à l'est, le pays des Eluths, le Thibet, et le Boutan.

D. Comment se divise la Tartarie chinoise ?

R. En partie occidentale, habitée par des peuples sauvages, et où est l'immense désert de Coby ; et en partie orientale, qui forme plusieurs gouvernemens. Les deux îles Tcho-Ka et Chi-Ka, sur les côtes de la Tartarie, à l'entrée du golfe Amur, en dépendent.

II. *La Turquie d'Asie.*

D. Quelle est la position de la Turquie d'Asie ?

R. Elle est bornée au nord, par la mer Noire et la Russie asiatique ; au sud, par la Méditerranée et l'Arabie ; à l'est, par la Perse ; à l'ouest, par l'Archipel et la mer de Marmara.

D. Quelles sont les productions et la température de la Turquie d'Asie ?

R. Ces pays, particulièrement l'Asie mineure, étaient autrefois très fertiles, riches et fort peuplés : aujourd'hui ils sont incultes et presque déserts. La peste y exerce souvent ses ravages ; ce qu'il faut attribuer, moins à l'insalubrité naturelle du climat, qu'à l'ignorance, à l'insouciance des habitans, et au défaut de culture.

D. Comment se divise la Turquie d'Asie ?

R. En neuf provinces, savoir : 1.° la Circassie, sans villes remarquables ; 2.° la Natolie, autrefois l'Asie mineure, où sont, à l'ouest, Bursa, Smyrne ; à l'est, Trébisonde ; 3.° l'Arménie turque, où est Erzérum ; 4.° la Syrie, le long de la Méditerranée, où sont Alep, Alexandrette, Tripoli, Damas, Palmyre, Acre, Seyde, autrefois Sidon ; 5.° au sud de la Syrie, la Palestine, où sont Jérusalem, Jaffa, Gaza, Béthléem ; 6.° le Diarbek, où sont Diarbékir et Mosul, sur le Tigre, et Oursa, au nord ; 7.° l'Irak-Arabie, où sont

Bagdad, sur le Tigre, et Bassora, au confluent du Tigre et de l'Euphrate; 8.° le Curdistan, où est Bétlis, capitale; 9.° l'île de Chypre, où est Nicosie, capitale. L'île de Rhodes est aussi aux Turcs.

III. *De l'Arabie.*

D. Quelle est la position de l'Arabie ?

R. C'est une presqu'île située entre la mer Rouge et le golfe Persique : elle a la Turquie asiatique au nord, et la mer des Indes au sud.

D. Comment divise-t-on l'Arabie ?

R. En Arabie pétrée, partie montagneuse et déserte, où sont Suez et Tor, deux ports sur la mer Rouge; en Arabie déserte, stérile et peu habitée, où sont Médine, dépositaire du tombeau de Mahomet, et la Mecque, lieu de sa naissance; en Arabie heureuse, ainsi appelée parce qu'elle est plus fertile que les autres. Elle produit de l'encens, de la myrrhe et autres parfums, du café excellent, sur-tout celui de Moka. Elle a plusieurs provinces, dont la principale est l'Yemen, où sont Sana, capitale, Aden, sur le détroit de Babel-Mandel, et Moka sur la mer Rouge.

IV. *De la Perse.*

D. Quelle est la postion de la Perse ?

R. Elle est bornée par trois mers, la mer Caspienne, le golfe Persique et la mer des Indes; elle a, au nord, la Tartarie russe et la Tartarie indépendante, et l'Inde à l'est.

D. Comment se divise la Perse ?

R. En Perse occidentale et en Perse orientale, lesquelles sont partagées en différentes provinces, savoir, à l'occident : 1.° Irak-Agémi, où sont Ispahan, autrefois capitale de toute la Perse ; Théran, capitale actuelle ; 2.° Aderbijan, où est Tauris ; 3.° l'Arménie Persane, où est Erivan ; 4.° Ghilan, où est Recht ; 5.° Masandéran, où sont Férabad et Estérabad, près de la mer Caspienne ; 6.° Khusistan, où est Suster ; 7.° Fasistan, où est Schiras ; 8.° Laristan, où est Lar, sur le golfe Persique ; 9.° Kerman, ville de ce nom. A l'orient : 1.° Korasan, où est Héran ; 2.° Ségestan, où est Zarang ; 3.° Sablestan, pays des Afganes, où est Candahar ; 4.° Mécran, ville du même nom, sur l'Océan.

D. Quelles sont les îles dépendantes de la Perse ?

R. Ce sont, dans le golfe Persique, les îles de Bahrein et d'Ormutz.

V. *De l'Inde.*

D. Quelle est la position de l'Inde ?

R. Elle est bornée à l'ouest, par la Perse ; au nord, par la Tartarie et la Chine ; à l'est et au sud, par l'Océan Indien.

D. Comment divise-t-on l'Inde ?

R. En trois grandes parties principales : l'empire du Grand Mogol, ou l'Indostan ; la presqu'île en deçà du Gange, qu'on appelle presqu'île occidentale, et la presqu'île au delà du Gange, nommée presqu'île orientale.

D. Qu'est-ce que l'Indostan ou l'empire du Mogol ?

R. C'est un Empire très vaste, très fertile et très riche, qui était formé autrefois de beaucoup de royaumes, et qui, aujourd'hui, se divise en un grand nombre de principautés, gouvernées par des Soubabs.

D. Quelles sont les villes principales de l'Indostan ?

R. Ce sont Delhi, capitale, séjour ordinaire du grand Mogol ; Agra, au sud de Delhi, et Lahor, au nord, où il y a également des palais impériaux; Cachemire, vers les sources de l'Inde, au nord ; Tatta, vers l'embouchure de l'Inde ; dans la province de Guzarate, à l'ouest, Aménadab, capitale, Cambaye, Surate ; dans le Bengale, à l'est, Calcutta, Ougly, Chandernagor, Dacca.

D. Comment se divise la presqu'île en deçà du Gange ?

R. En côte occidentale et en côte orientale. Elle comprend, côte occidentale, le royaume du de Visapour, où sont Visapour, capitale, Goa ; la côte de Canara, où sont Onor et Barcelor ; la côte de Malabar, où sont Cananor, Calicut, Mahé. La côte orientale, ou côte de Coromandel, comprend le royaume de Golconde, où sont Golconde, Masulipatan ; le royaume de Carnate, où de Bisnagar, où sont Bisnagar, Paliacate, Madras ; le Gingi, où est Pondichéry ; le Tanjaor, ou sont Tanjaor, Tranquebar, Négapatan ; le Maduré, vers la pointe, où sont Maduré, Tritchinapali et Tutucurin.

D. Quelles sont les îles voisines de l'Inde en deça du Gange ?

R. Ce sont, les Laquedives, petites et la plupart désertes ; les Maldives, en très grand nombre ; Ceylan, où sont Candy, capitale, et Trinquemale.

D. Comment se divise la presqu'île au-delà du Gange ?

R. En différens états, qui sont, du nord au sud, vers l'ouest, Azem, capitale, Chandara ; l'empire Birman, qui comprend les royaumes réunis d'Ava, d'Aracan et de Pégu, villes du même nom; Siam et Malaca, villes du même nom; vers l'est, les royaumes de Laos, capitale, Langione; Tonquin, où sont Kécho et Héan; Cochinchine, capitale, Padram; Camboge, capitale du même nom.

D. Quelles sont les îles voisines de l'Inde au-delà du Gange?

R. Ce sont, dans le golfe du Bengale, les îles d'Andaman et de Nicobar; dans le golfe de Siam, celles de Pulo-Condor, l'île Pulo-Uby, et Pulo-Timon.

VI. *De la Chine.*

D. Quelle est la position de la Chine?

R. Elle est bornée, au nord, par la Tartarie Chinoise, dont elle est séparée par la grande muraille de 25 pieds de haut; au sud, par la presqu'île au-delà du Gange et par une partie de la mer orientale; à l'est, par la mer orientale; à l'ouest, par la Tartarie indépendante et l'Inde.

D Comment se divise la Chine?

R. En différentes provinces, dont les principales sont, au nord, celle de Pé-ché-lée, où est la capitale Pekin, et celle de Kiang-nan, où est Nankin; au sud, celle de Tche-Kiang, où sont les deux ports de Hang-Tcheou-fou, et de Ning-po-fou, que nous appelons Nimpo; et celle de Quantung (Canton), ville et port du même nom. Dans une presqu'île voisine est le port de Macao.

D. Quelles sont les pays dépendans ou tributaires de la Chine?

R. Ce sont la Corée, presqu'île au nord-est de la Chine, capitale King-ki-tao; de plus le pays des Eluths, le Thibet, le Boutan, et la Tartarie

Chinoise, dont nous avons parlé page 42 ; le Tonquin et la Cochinchine, page 46.

D. Quelles sont les îles dépendantes de la Chine ?

R. Ce sont, dans la mer de la Chine, au sud, Hainan et Changtchuen, et, en remontant vers le nord, Taï-ouan, ou Formose, et les îles Liéou-Kiéou, au sud du Japon.

VII. *Archipels voisins de l'Asie.*

D. Faites connaître ces Archipels.

R. On peut les réduire à huit principaux, qui sont, du nord au sud :

1°. Les Kuriles, au sud de la presqu'île de Kamstchatka, au nombre de vingt environ.

2°. Les îles du Japon, très nombreuses, et formant un grand état. Les deux plus importantes sont, celle de Niphon, où sont Jédo, capitale de tout l'empire, Méaco et Osaca, et celle de Kiusiu, où est Nangasaki ;

3°. Les Philippines, ou Manilles, dont les plus remarquables sont Luçon, capitale Manille ; Mindanao, Paragoa, Samar, Iolo ;

4°. Les Mariannes, dites aussi *îles des Larrons*, au nombre de douze. La plus considérable à l'est de Guam, capitale Sant-Ignatio ;

5°. Les Carolines, à l'est, amas de petites îles dont les habitans sont presque sauvages ;

6°. Les îles Pelew ou Palaos ;

7°. Les îles de la Sonde, au nombre de douze, dont les plus considérables sont Sumatra, capitale Achem ; Banca, Bornéo, villes du même nom ; Java, où sont Batavia, Bantam, Mataram ; Baly, ville du même nom, à l'est de Java ;

8°. Les Moluques, au nombre de vingt, dont

les principales sont Célèbes, capitale Macassar; Gilolo, Ternate, Tidor, Céram, Amboine, Banda, Timor, villes du même nom dans presque toutes.

VIII. *Des principales montagnes de l'Asie, fleuves, mers intérieures, golfes, détroits, lacs, etc.*

D. Quelles sont les principales montagnes de l'Asie?

R. Ce sont, dans la grande Tartarie, les monts de Pierre, autrefois Imaüs, qui s'étendent du midi au nord; les monts de Noss, qui en forment une branche, et se prolongent vers le nord-est; le Taurus, qui traverse la Turquie d'Asie et la Perse; le Caucase, de la mer Noire à la mer Caspienne; les montagnes du Japon.

D. Quels sont les fleuves les plus remarquables de l'Asie?

R. Ce sont, dans la Tartarie, l'Obi, le Jénisséa, le Léna, qui se jettent dans la mer glaciale; l'Amur, embouchure dans la mer orientale;

Dans la Turquie d'Asie, le Tigre et l'Euphrate, qui se jettent dans le golfe Persique;

Dans l'Inde, l'Indus et le Gange, qui se jettent dans la mer des Indes, le premier en deçà de la presqu'île occidentale, le second entre les deux presqu'îles;

Dans la Chine, le Hoang, ou rivière jaune, et le Kian, ou rivière bleue, qui ont tous deux leur embouchure dans la mer de la Chine.

D. Quelles sont les mers intérieures de l'Asie?

R. Ce sont, la mer Caspienne et la mer d'Aral, qui ne sont appelées *mers* qu'à cause de leur grandeur, mais qui ne sont véritablement que des lacs, puisqu'elles n'ont pas de communication visible avec la grande mer ; la mer de Kamstchatka. L'Océan prend, à l'est, le nom de *mer orientale*, ou *grand Océan*, et au sud, celui de *mer des Indes*.

D. Quelles sont les principaux golfes de l'Asie ?

R. Ce sont, le golfe Amur, appelé aussi mer de Kamstckatka ; le golfe de Hoan-Hay, ou baie de Nankin ; le golfe de Tonquin ; le golfe Persique ; les golfes de Cambaie, de Bengale, de Siam et de Cochinchine.

D. Quels sont les principaux détroits ?

R. Ce sont ceux d'Ormus, à l'entrée du golfe Persique ; de Malaca, de la Sonde, de Macassar ; le détroit du Nord, qui sépare le nord-est de l'Asie du nord ouest de l'Amérique, et beaucoup d'autres, qui séparent les différentes îles de la mer des Indes.

D. Quels sont les principaux caps ?

R. Ce sont le cap de Rasalgate, au sud-est de l'Arabie ; le cap Comorin, au sud de la presqu'île en deçà du Gange ; le cap Romania, au sud de la presqu'île de Malaca ; le cap Swatoïno, au nord de l'Asie.

CHAPITRE III. *De l'Afrique.*

D. Qu'est-ce que l'Afrique ?

R. C'est une vaste presqu'île qui ne tient à l'Asie que par une langue de terre de trente lieues environ de large, entre la Méditerranée et la mer Rouge, et qu'on appelle l'Isthme de Suez.

D. Quelle est sa situation ?

R. Elle s'étend depuis le trente-septième degré de latitude, nord, jusqu'au trente-quatrième de latitude, sud ; et pour la longitude, en comptant du méridien de Paris, depuis le dix-neuvième degré, ouest, jusqu'au cinquantième, est.

D. Quelles sont les principales parties de l'Afrique?

R. Ce sont, au nord, la Barbarie et l'Egypte; au milieu, le Sénégal, la Nigritie, la Nubie, l'Abyssinie, la Guinée, le Congo; au midi, la Cafrerie, et enfin les îles de l'Afrique.

I. *Continent de l'Afrique.*

D. Qu'est-ce que la *Barbarie?*

R. C'est la partie la plus septentrionale de l'Afrique. Elle se divise en deux grandes parties, séparées l'une de l'autre par le mont Atlas.

D. Quelles sont les principales parties de la Barbarie?

R. Ce sont la Barbarie propre, ou la côte de Barbarie, le Bilédulgérid, et le désert de Sahara.

D. Quest-ce que la Barbarie propre?

R. C'est le pays de l'Afrique le mieux cultivé et le plus peuplé. Il comprend, de l'est à l'ouest, le pays de Derne ou de Barca, où est le port de Derne; l'état de Tripoli, où sont Tripoli et Lebda; l'état de Tunis, où sont Tunis, les ruines de Carthage à trois lieues, Susa, Porto-Farina, autrefois Utique, et Biserte; la régence d'Alger, où sont Alger, Constantine, Oran; l'empire de Maroc, comprenant le royaume de Maroc, capitale du même nom, et celui de Fez, capitale du même nom, avec les villes de Miquenez, Mogadar, Tétouan, vis-à-vis de Gibraltar, Salé, Tanger, Ceuta, sur le détroit.

D. Qu'est-ce que le Bilédulgérid?

R. C'est un pays situé au midi du mont Atlas,

habité par des Bérébères et des Arabes, qui produit abondamment des dattes, fruit du palmier. Son nom signifie *Pays des dattes.* Il est divisé en plusieurs provinces, qui dépendent des états barbaresques.

D. Qu'est-ce que le Sahara ?

R. C'est un vaste désert au sud du Bilédulgérid, lequel se divise en cinq déserts principaux, et qui est peu habité.

D. Quelle est la position de *l'Égypte ?*

R. Elle est bornée, au nord, par la Méditerranée ; au sud, par la Nubie ; à l'est, par la mer Rouge et l'isthme de Suez ; à l'ouest, par la Barbarie.

D. Comment divise-t-on l'Égypte ?

R. 1°. En haute Egypte, appelée aussi le Saïd, et qui était la Thébaïde des anciens, où sont Girgé, Kous, autrefois Coptos, près des ruines de l'ancienne Thèbes ; 2°. en Egypte du milieu, ou le Volstani, appelée autrefois Heptanome, où sont le Caire, capitale de toute l'Egypte, et Fioum ; 3°. en basse Egypte, ou le Bahri, autrefois Delta, où sont Alexandrie, port de mer, et dans le voisinage, l'île de Pharos ; Rosette, sur un des principaux bras du Nil ; Damiette, Aboukir, petit port.

D. Quelle est la position du *Sénégal ?*

R. Il est borné, au nord, par le Sahara ; au sud, par la Guinée ; à l'est, par la Nigritie ; à l'ouest, par l'Océan. Les Européens ont des établissemens sur les côtes de ce pays, entre autres le fort Saint-Louis, dans une île à l'embouchure du Sénégal, et la petite île de Gorée.

D. Quelle est la position de la *Nigritie ?*

R. Elle est bornée, au nord, par le désert de Sahara ; au sud, par le centre de l'Afrique, à l'est, par la Nubie et l'Abyssinie ; à l'ouest, par le Sénégal.

Elle comprend un grand nombre de royaumes, dont les plus remarquables sont ceux de Tombut, d'Agadès, de Bournou. Ce qu'on appelle villes, sont de misérables villages composés de huttes de bois.

D. Quelle est la position de la *Nubie?*

R. Elle est bornée, au nord, par l'Egypte ; au sud, par l'Abyssinie ; à l'est, par la mer Rouge ; à l'ouest, par la Nigritie. Elle a plusieurs royaumes, dont les principaux sont ceux de Dungala et de Sennar, villes du même nom. Sur la mer Rouge est Suakem, et près de là, l'île du même nom, célèbre par la pêche des perles.

D. Quelle est la position de l'*Abyssinie?*

R. Ce pays, qui fait partie de l'ancienne Ethiopie, est borné au nord, par la Nubie, et s'étend sur la mer Rouge, jusqu'au détroit de Bab-el-Mandel. Il est partagé entre plusieurs princes, dont le plus puissant est le Négus, qui habite sous des tentes avec toute sa cour. Les Turcs en possedent une partie sur les côtes de la mer Rouge. Les villes sont Gondar, Axum, Alata, remarquable par une cataracte de plus de 40 pieds de haut, que le Nil forme dans ses environs.

D. Quelle est la position de la *Guinée?*

R. Elle s'étend sur les bords de l'Océan, au midi du Sénégal, que plusieurs géographes désignent comme faisant partie de la Guinée, et sous ce nom, c'est la Guinée septentrionale. Celle dont nous parlons ici, est la Guinée méridionale.

D. Comment se divise-t-elle ?

D. En un grand nombre de royaumes, savoir : Sanguin, le Grand-Acanis, Juida, Ardre, et autres, dont les noms mêmes nous sont inconnus. Il y en a trois parties principales, 1°. le Malaguette, où les Anglais ont formé un établissement sur les bords de Sierra-Léoné ; 2°. la Guinée propre, où l'on distingue la côte des Graines, la côte d'Or, et où les Européens ont le plus d'établissemens ; 3°. le Bénin, où sont les royaumes de Dahomé, de Bénin et d'Ovère.

D. Qu'est-ce que le *Congo?*

R. C'est le pays que les Portugais appellent Basse-Guinée. Il est au midi de l'équateur, et s'étend à l'ouest le long de l'Océan. Il prend son nom de l'un de ses principaux royaumes, le Congo; les autres sont Loango, Cacongo, Angola et Benguala villes du même nom. Dans le Congo propre, est San-Salvador, et dans l'Angola, Saint-Paul de Loanda. C'est dans ce pays et les autres les plus voisins de l'équateur, que les hommes sont le plus noirs.

D. Qu'est-ce que la *Cafrerie?*

R. C'est un vaste pays renfermé entre le Congo, la Nigritie, l'Abyssinie et la mer.

D. Comment divise-t-on la Cafrerie ?

R. 1°. En Cafrerie intérieure, au Nord, qui comprend les royaumes de Mujaco, de Zendero, de Monoëmugi et autres, qui ne sont connus que de nom : dans le Monoëmugi est le lac Maravi, qui est une espèce de mer par sa grandeur : 2°. en côte déserte, au midi du Congo : 3°. en pays des Hottentots, le plus au midi de l'Afrique. L'air y est tempéré, et le terrein fertile. Les Hottentots sont laids, sauvages et très sales : à la pointe est le cap de bonne-Espérance ; 4°. à l'est, en descendant du nord au sud, en côte d'Ajan, qui comprend le royaume d'Adel, capitale Auçagurel ; le royaume de Magadaxo, et la république de

Brava, villes du même nom : en côte de Zanguebar ou Zanzibar, où sont les royaumes de Mélinde, Monbasa, Guiloa, Mongallo, Mosambique, villes du même nom ; en côte de Sofala, dont les principaux états sont le royame de Sofala et l'empire de Monomotapa, villes du même nom.

II. *Iles de l'Afrique.*

D. Quelles sont les principales îles de l'Afrique ?

R. Les unes sont dans l'Océan, et les autres dans la mer des Indes.

D. Quelles sont les îles situées dans l'Océan ?

R. Ce sont : 1°. Madère, qui produit d'excellens vins : dans le voisinage, Porto-Santo : 2°. les îles Canaries, autrefois îles fortunées. L'air en est tempéré, et elles sont fertiles : les principales sont Palma, Ténériffe, Canarie et l'île de fer; 3°. les îles du cap verd, dont la principale est San-Yago ; 4°. les îles du golfe de Guinée, Fernando, l'île du Prince, Saint-Thomas, et Annobon ; 5°. l'île Sainte-Hélène, très loin des côtes occidentales de l'Afrique, et au nord-ouest, l'île de l'Ascension.

D. Quelles sont les îles d'Afrique situées dans la mer des Indes ?

R. Les principales sont : 1°. Madagascar, habitée par des Négres et des Arabes ; 2°. Sainte-Marie, près de Madagascar ; 3°. à l'est, l'île Bourbon ; 4°. l'île de France ; 5°. les îles de Comore, dans le canal de Mosambique ; 6°. l'île de Socotora, à l'entrée du détroit de Bab-el-Mandel, qui produit le meilleur encens.

III. *Des principaux fleuves d'Afrique, montagnes, mers intérieures, golfes, détroits et caps.*

D. Quels sont les principaux fleuves d'Afrique ?

R. Ce sont : 1°. le Niger, qui traverse la Nigritie, et se perd dans le lac Bournou ; 2° le Sénégal, qui donne son nom à la contrée qu'il arrose, et la Gambie, tous deux ayant leur source, ainsi que le Niger, dans les montagnes de Sierra-Léoné, et leur embouchure dans l'Océan Atlantique ; 3°. le Nil, qui prend sa source dans l'Abyssinie, partage l'Egypte en deux, et se jette dans la Méditerranée par plusieurs embouchures ; 4°. le Zaïre et le Coanza, qui traversent le Congo, et se rendent dans l'océan ; 5°. le Cuama et le Manica, source dans le Monomotapa, embouchure dans le canal de Mosambique.

D. Quelles sont les plus hautes montagnes d'Afrique ?

R. Ce sont : 1°. le mont Atlas, chaîne de montagnes qui s'étend depuis l'océan occidental jusqu'en Egypte ; 2°. le mont Amédède, entre la Nigritie et le désert de Sahara ; 3°. les montagnes de Sierra-Léoné, qui séparent la Nigritie de la Guinée, et se prolongent jusqu'aux pays inconnus du centre de l'Afrique, auxquels on donne le nom général d'Ethiopie ; 4°. les montagnes de la Lune, au centre de la Nigritie ; 5° les monts Lupata, dits l'épine du monde, vers le milieu de la Cafrerie méridionale ; 6° le pic de Ténériffe, dans l'île du même nom, l'une des montagnes les plus élevées de l'univers, dont le sommet, de

1,900 toises d'élévation, est toujours couvert de neige.

D. Quelles sont les mers intérieures et lacs de l'Afrique ?

R. Il n'y a qu'une mer, qui est la mer Rouge.

Quelques voyageurs ont parlé d'une grande mer dans l'intérieur du pays; mais il n'y a rien de certain à cet égard. Il y a de grands lacs, entr'autres ceux de Kern en Egypte, de Mousa dans le bilédulgérid, de Bournou dans la Nigritie, de Dambéa dans l'Abyssinie, et de Maravi dans la Cafrerie.

D. Quels sont les principaux golfes de l'Afrique ?

R. Ce sont, dans la Méditerranée, le golfe de la Sidre; dans l'Océan Indien, le golfe de Sofala; dans l'Océan, celui de Guinée.

D. Quels sont les principaux détroits de l'Afrique ?

R. Ce sont, le canal de Mosambique, entre les îles voisines de Madagascar et le continent; le détroit de Bab-el-Mandel, qui est le passage de l'Océan Indien dans la mer Rouge.

D. Quels sont les principaux caps ?

R. Ce sont le cap Bon, au nord; le cap Verd, à l'ouest; le cap de Bonne-Espérance, au sud; le cap Gardafui, à l'est.

CHAPITRE IV. *De l'Amérique.*

D. Qu'est-ce que l'Amérique ?

R. C'est un vaste continent, situé à l'occident de l'ancien monde, et qui fut découvert à la fin du quinzième siècle par Christophe Colomb, Génois au service d'Espagne. Les Espagnols lui donnèrent le nom d'Indes occidentales, par opposition aux Indes orientales. On l'appelle aussi Nouveau Monde, comme nous l'avons dit.

D. Quelle est la situation de l'Amérique?

R. Elle est séparée de l'Europe et de l'Afrique par l'Océan, et de l'Asie par la grande mer. Elle s'étend du nord au sud, depuis le 80e. degré de latitude septentrionale jusque vers le 54e. de latitude méridionale.

D. Quelle est sa longitude?

R. Elle est entre le 37e. et le 172e. degré de longitude occidentale.

D. Comment divise-t-on l'Amérique?

R. En trois parties principales, qui sont l'Amérique septentrionale, l'Amérique méridionale, et les îles.

I. *Amérique septentrionale.*

D. Quelles sont les limites de l'Amérique septentrionale?

R. Cette partie s'étend depuis les terres inconnues du nord de l'Amérique, jusqu'à l'isthme de Panama, au sud.

D. Quelles sont les principales parties de l'Amérique septentrionale?

R. Il y en a neuf, savoir, la Nouvelle-Bretagne, le Canada, la Nouvelle-Ecosse, la Côte du nord-ouest, les États-Unis, la Louisiane, la Floride, le nouveau Mexique, et le Mexique.

D. Qu'est-ce que la *Nouvelle-Bretagne?*

R. C'est une contrée souvent désignée sous le nom de *Pays des Esquimaux*. Elle est bornée, au nord, par la mer Glaciale; au sud, par le Canada et par le golfe Saint-Laurent; à l'est, par l'Océan; à l'ouest, par la Côte du nord-ouest.

Elle comprend : 1°. les côtes de la baie de Baffin, peu connues, et presque inhabitées ; 2°. les côtes de la baie d'Hudson, où sont plusieurs forts Anglais ; 3°. le Labrador, habité par les Esquimaux.

D. Quelles sont les mœurs des Esquimaux ?

R. C'est un peuple extrêmement sauvage, le seul des naturels américains qui porte de la barbe, et qu'on n'ait jamais pu apprivoiser.

D. Qu'est ce que le *Canada* ?

R. C'est un très grand pays qu'on appelle aussi Nouvelle-France, parce qu'il a long-temps appartenu aux Français, par lesquels il fut découvert. Il est borné, au nord, par la Nouvelle-Bretagne ; au sud, par la Louisiane et les Etats-Unis ; à l'est, par l'Acadie, ou nouvelle-Ecosse, et le golfe Saint Laurent ; à l'ouest, par le pays appelé Côte du nord-ouest.

D. Quels sont les peuples qui habitent le Canada ?

R. Plusieurs nations sauvages, dont les plus connues sont celles des Iroquois, des Hurons, des Algonquins.

D. Quelles sont les villes principales du Canada ?

R. Ce sont Québec, capitale, Montréal, dans une île du fleuve Saint-Laurent, et les Trois-Rivières.

D. Quelle est la position de la *Nouvelle-Ecosse* ou *Acadie* ?

R. Elle est bornée, au nord, par l'embouchure du fleuve Saint-Laurent ; au sud, par l'Océan ; à l'est, par le golfe Saint-Laurent ; à l'ouest, par le Canada et les États-Unis.

D. Comment ce pays se divise-t-il ?

R. En nouveau Brunswick, peu habité, et Nouvelle-Ecosse, presqu'île au sud-ouest, où sont Hallifax, capitale, Annapolis, deux ports de mer, et d'autres établisemens Anglais.

D. Qu'entendez-vous par *Côte du Nord-Ouest?*

R. Un très vaste pays long-temps inconnu, et borné, au nord, par la mer Glaciale; au sud, par le nouveau Mexique; à l'est, par la Louisiane, le Canada et la Nouvelle-Bretagne; à l'ouest, par le détroit du Nord et le Grand Océan. La partie septentrionale est peu habitée. Vers le sud, en se rapprochant du Nouveau-Mexique, les voyageurs out donné à différentes regions, les noms de Nouvelle-Albion, Nouveau-Norfolk, etc.

Qu'entendez-vous par *États-Unis* ?

R. J'entends les provinces bornées, au nord, par le Canada; au sud, par la Floride; à l'est, par l'Océan et l'Acadie; à l'ouest, par le Missisipi, qui les sépare de la Louisiane. Elles s'appelaient autrefois Nouvelle-Angleterre, parce qu'elles étaient des colonies de cette puissance, dont elles ont secoué le joug en 1776, pour former une république indépendante, sous le nom d'États-Unis.

D. Quelles sont ces provinces?

R. Elles sont au nombre de seize: 1°. le Nouveau-Hampsire, capitale, Portsmouth; 2°. le Vermont, capitale, Windsor; 3°. les Massachussets, capitale Boston; 4°. le Rhode-Island, capitale, Newport; 5°. le Connecticut, capitale Hartfort; 6°. la Nouvelle-Yorck, capitale, New-Yorck; 7°. la Nouvelle-Jersey, capitale, Trenton; 8°. la Delaware capitale, Douvre; 9°.

la Pensylvanie, capitale, Philadelphie; 10°. le Maryland, villes principales, Annapolis, Baltimore et Washington; 11°. la Virginie, capitale, Richemond; 12°. la Caroline septentrionale, capitale, Raleigh, Lafayette; 13°. la Caroline-Méridionale, capitale, Colombia, Charlestown; 14°. la Géorgie, capitale, Louisville; 15°. le Kentuki, capitale, Francfort; 16°. le Ténessée, capitale, Knoxville. Il y a encore les territoires de l'Ohio, du Mississipi, et autres, dans lesquels on forme des établissemens.

D. Qu'est-ce que la *Floride ?*

R. C'est une grande presqu'île située au sud des États-Unis, et qui s'étend au sud, sur le golfe du Mexique, et à l'est, sur le canal de Bahama. Ce pays est fertile, surtout en maïs; on en fait deux récoltes par an. La capitale de la Floride orientale est Saint-Augustin, et celle de la Floride occidentale est Pensacola.

D. Qu'est-ce que la *Louisiane ?*

R. C'est un vaste pays, borné au nord par le Canada; au sud, par le golfe du Mexique; à l'est, par le Mississipi; à l'ouest, par la Côte du nord-ouest et le Nouveau-Mexique. Il a pour capitale la Nouvelle-Orléans, sur le Mississipi.

D. Quels sont les peuples qui habitent la Louisiane ?

R. Plusieurs peuples sauvages, entr'autres les Illinois, les Chérakis, les Chicacas, les Tchatas, les Natchès, etc. Le gouvernement français l'a vendue aux États-unis en 1803.

D. Quelle est la situation du *Nouveau-Mexique ?*

R. Ce pays, appelé aussi Nouvelle-Galice, est borné au nord, par la Côte du nord-ouest; au sud, par le Mexique; à l'est, par le golfe du

Mexique et la Louisiane ; à l'ouest, par le Grand-Océan.

D. Comment se divise le Nouveau-Mexique ?

R. En six parties, savoir, le Nouveau-Mexique propre, capitale, Santa-Fé ; la Californie, longue presqu'île, avec des forts ; la Nouvelle-Navarre, séparée de la Californie par la mer Vermeille : la Nouvelle-Biscaye, capitale, Durango : le Nouveau-Léon; la Nouvelle Galice, capitale, Guadalaxara.

D. Quelle est la situation du *Mexique* ou *Nouvelle-Espagne* ?

R. Il est situé en partie sur le golfe auquel il donne son nom ; est resserré à l'est et à l'ouest, par la mer ; borné au nord, par le Nouveau-Mexique, et au sud par l'Amérique méridionale.

D. Comment ce pays est-il divisé ?

R. En trois parties : le Méchoacan, au nord ; le Mexiqne propre, au centre ; le Guatimala, au sud. Les villes principales sont Méchoacan, Mexico, Acapulco, Vera-Crux, Tabasco, Guatimala, San-Iago.

II. *Amérique Méridionale.*

D. Qu'est-ce que l'Amérique méridionale ?

R. C'est la partie de l'Amérique qui ne tient à celle du nord que par l'isthme de Panama, et qui se termine en pointe vers le sud, à peu près comme l'Afrique.

D. Comment divise-t-on l'Amérique méridionale ?

R. En huit parties principales, qui sont : 1°. la Terre-Ferme ; 2°. le Pérou ; 3°. le Chily ; 4°. le pays des Amazônes ; 5°. le Brésil ; 6°. la

Guiane, 7°. le Paraguay, ou province de Rio de la Plata ; 8°. la terre Magellanique.

D. Qu'est-ce que la *Terre Ferme*, ou *Castille d'or* ?

R. C'est la partie la plus septentrionale de l'Amérique méridionale ; elle a au sud, le pays des Amazônes et le Pérou. Ce nom lui a éte donné par Christophe Colomb, parce que jusque-là il n'avait découvert que des îles. On y trouve : dans la Terre Ferme proprement dite, les villes de Panama, de Porto-Bello ; dans la nouvelle Grenade, Carthagène, Cumana ; dans la province de Quito, faisant autrefois partie du Pérou, Quito et Cuença.

D. Qelle est la position du *Pérou* ?

R. Il est borné, au nord, par la Terre-Ferme ; au sud, par le Paraguay ; à l'est, par le pays des Amazônes ; à l'ouest, par le grand-Océan. On y trouve Lima, capitale, Cusco, Truxillo.

D. Quelle est la position du *Chili* ?

R. Il est borné au nord, par le Pérou ; à l'est et au sud, par la terre Magellanique; et à l'ouest, par la mer Pacifique. On y trouve Saint-Yago et la Conception.

D. Quelle est la position du *Pays des Amazônes* ?

R. Cette grande contrée, qui a environ 650 lieues de long sur 400 de large, est bornée, au nord, par la Terre-Ferme ; à l'est par le Brésil ; au sud par le Paraguay ; à l'ouest par le Pérou. Il n'y a que des forts, et pas de villes remarquables.

D. Quelle est la position du *Brésil* ?

R. Ce pays, qui occupe environ 1250 lieues de côtes, est borné au nord, à l'est et au sud par la mer ; et à l'ouest, par le Paraguay et le pays des Amazônes. On y trouve San-Salvador, capitale,

Saint-Sébastien, à l'embouchure du Rio-Janéiro, et Saint-Vincent sur l'Océan.

D. Qu'est-ce que la *Guiane* ?

R. C'est une vaste contrée entre la rivière des Amazônes et l'Orénoque. Cayenne, dans une île, est la capitale de la Guiane Française, Surinam de la Guiane hollandaise.

D. Quelle est la position du *Paraguay* ?

R. Il est borné au nord, par le pays des Amazônes et le Pérou ; au sud par la mer et la terre Magellanique ; à l'est par le Brésil et la mer ; à l'ouest par l'Océan et le Chili. On y trouve l'Assomption, ancienne capitale ; Buénos-Ayres, capitale actuelle ; *Monté-vidéo*.

D. Qu'est-ceque la *Terre Magellanique* ?

R. C'est la contrée qui est à l'extremité méridionale de l'Amérique, ainsi nommée de Magellan, capitaine Portugais, qui l'a découverte en 1520.

III. *Des Iles de l'Amérique.*

D. Quelles sont les principales îles de l'Amérique, en commençant par l'Amérique septentrionale ?

R. Ce sont :

1°. Les Açores, dont les principales sont Tercère, St.-Michel, et le Pic, qui a une montagne très haute, à peu près comme le Pic de Téné-riffe ; 2°. Les îles du golfe St.-Laurent, dont la principale est Terre-Neuve ; à côté, est le banc de Terre-Neuve, où l'on pêche de la morue ; 3°. les Bermudes, à l'orient de la Caroline ; 4°. les Lucayes, dont l'une, Guanahani, est la première terre que découvrit Christophe Colomb dans le Nouveau-Monde ; 5°. les grandes Antilles, Cuba, la Jamaïque, Saint-Domingue, Porto-Rico; 6°. les petites Antilles, ou Caraïbes, divisées en îles du Vent, dont les principales sont la Martinique, la Guadeloupe, Saint-Barthélemy, la Désirade, Marie-Galande, les Saintes, la Dominique, Saint-Christophe, Saint-Vincent, la Barbade, Sainte-Lucie; et en îles sous le Vent, qui sont le long des côtes de la Terre-Ferme, et dont les principales sont Curaçao, l'île Marguerite et la Trinité.

D. Pourquoi appelle-t-on ces îles sous le Vent?

R. Parce qu'elles sont au-dessous des autres, par rapport au vent d'est qui souffle dans la zône torride.

D. Quelles sont les îles de l'Amérique méridionale?

R. Il y en a très peu dans l'océan : les principales sont Cayenne, la Terre de Feu, à la pointe de l'Amérique; et près de là, les îles Malouines ou Falklan.

D. Qu'entendez-vous par îles de la Mer du Sud?

R. J'entends celles qui sont situées dans *le Grand-Océan*, entre l'Asie et les côtes occidentales de l'Amérique, lequel on a long-temps appelé *Mer du sud* et *Mer Pacifique*. Il y en a un très grand nombre qui sont nouvellement découvertes.

D. Quelles sont les principales îles du *Grand Océan?*

R. Ce sont les îles Fernandèz, sur les côtes du Chily, les marquises de Mendoce, les îles de la Société, dont l'une est Taïti, on Otahiti, les îles des Amis, les nouvelles Hébrides, les îles Sandwich, dans l'une desquelles le capitaine Cook fut assassiné par les sauvages en 1779.

IV. *Des principaux fleuves d'Amérique, montagnes, mers intérieures, golfes, détroits, etc.*

D. Quelles sont les principaux fleuves d'Amérique?

R. C'est dans cette partie du monde qu'on trouve les plus grands fleuves, comme les plus grands lacs et les plus hautes montagnes. Les principaux fleuves de l'Amérique septentrionale sont le fleuve Saint-Laurent, la rivière de Niagara et le Mississipi.

D. Que présente de remarquable la rivière de Niagara?

R. Elle fait, près du fort de ce nom, la plus fameuse cascade du monde : large de 750 toises, elle tombe de 150 pieds de haut.

D. Quels sont les principaux fleuves de l'Amérique méridionale?

R. Ce sont l'Orénoque, le Maragnon, ou rivières des Amazônes, Rio de la Plata, ou fleuve d'Argent.

D. Quels sont les principaux lacs de l'Amérique?

R. Ce sont dans l'Amérique septentrionale, le lac Supérieur, le lac Michigan, le lac Huron, le lac Erié et le lac Ontario.

D. Quelles sont les plus hautes montagnes de l'Amérique?

R. Ce sont, dans la partie septentrionale, les Apalaches; et dans la partie méridionale, les Andes ou Cordillères, qui s'étendent du nord au sud dans toute cette partie. Il y a dans les Cordillères beaucoup de volcans, qui causent de fréquens tremblemens de terre.

D. Quelles sont les principales mers intérieures de l'Amérique?

R. Ce sont, au nord, la baie d'Hudson, et à l'ouest, la mer Vermeille.

D. Quels sont les principaux golfes de l'Amérique ?

R. Ce sont ceux du Mexique, de Saint-Laurent, les baies d'Hudson et de Baffin, au nord-ouest, et celles d'Honduras et de Campêche, dans le golfe du Mexique.

D. Quels sont les principaux détroits de l'Amérique ?

R. Ce sont ceux d'Hudson, de Davis, de Magellan, entre le continent et la Terre de Feu, et le détroit de Le Maire, un peu plus au sud.

V. *Des Terres Arctiques et Australes.*

D. Qu'entendez-vous par terres Arctiques ?

R. J'entends les terres les plus voisines du pôle Arctique.

D. Quelles sont ces terres ?

R. Ce sont le Groënland ou Terre-Verte, non loin de l'Islande ; le Spitzberg, au nord de l'Europe ; la Nouvelle-Zemble, au nord de la Russie, dans la mer Glaciale, et la partie la plus septentrionale de l'Amérique, très peu connue, toutes terres extrêmement froides.

D. Quelles sont les terres Australes ?

R. On comprend sous ce nom toutes les terres nouvellement découvertes au sud-est de l'Asie, dont les unes sont de très grandes îles, et d'autres que l'on croit faire partie d'un vaste continent austral. Les principales sont la Nouvelle-Guinée, la Nouvelle-Hollande, la Nouvelle-Zélande. (*Voy.* p. 12.)

FIN.

On trouve à la même adresse de pareils élémens :

1°. Sur l'*Histoire de France ;*

2°. Sur l'*Histoire Romaine ;*

3°. Sur la *Cosmographie ;*

4°. Sur la *Mythologie ;*

5°. Sur la *Géométrie ;*

6°. Sur la *Grammaire française ;*

7°. Sur la *Géographie de France.*

Plus, *Géographie ancienne*, vol. in-12.

Cours de Latinité élémentaire, 2 forts vol.

Cours de langue française par des exercices gradués d'analyse, 2 forts vol.

Fables choisies, vol. in-12.

Fables d'Esope, en français, *idem.*

Morale des Sages de tous les pays et de tous les siècles, *id.*

Anecdotes et Contes Moraux, *id.*

Pindare des Etudians, *id.*

www.ingramcontent.com/pod-product-compliance
Lightning Source LLC
LaVergne TN
LVHW020045170826
845678LV00001B/434
9782329687865